Nunca lideres solo

 **PROFIT** editorial

Profit Editorial, sello editorial de referencia en libros de empresa y management. Con más de 400 títulos en catálogo, ofrece respuestas y soluciones en las temáticas:

- Management, liderazgo y emprendeduría.
- Contabilidad, control y finanzas.
- Bolsa y mercados.
- Recursos humanos, formación y coaching.
- Marketing y ventas.
- Comunicación, relaciones públicas y habilidades directivas.
- Producción y operaciones.

 E-books:
Todos los títulos disponibles en formato digital están en todas las plataformas del mundo de distribución de e-books.

 Manténgase informado:
Únase al grupo de personas interesadas en recibir, de forma totalmente gratuita, información periódica, newsletters de nuestras publicaciones y novedades a través del QR:

 **Dónde seguirnos:**
  @profiteditorial
   Profit Editorial

 Ejemplares de evaluación:
Nuestros títulos están disponibles para su evaluación por parte de docentes. Aceptamos solicitudes de evaluación de cualquier docente, siempre que esté registrado en nuestra base de datos como tal y con actividad docente regular. Usted puede registrarse como docente a través del QR:

 Nuestro servicio de atención al cliente:
Teléfono: **+34 934 109 793**
E-mail: **info@profiteditorial.com**

Keith Ferrazzi
y Paul Hill

Nunca lideres solo

Del liderazgo
al trabajo en equipo

Todas las publicaciones de Profit están disponibles para realizar ediciones personalizadas por parte de empresas e instituciones en condiciones especiales.

Para más información, por favor, contactar con: info@profiteditorial.com

Título original: *Never Lead Alone*
© 2024 by Ferrazzi Greenlight, Inc.
Publicado por acuerdo con Harper Business, un sello de HarperCollins Publishers.
© Profit Editorial I., S.L., 2025

Diseño de cubierta: XicArt
Maquetación: Fotocomposición gama, sl

ISBN: 978-84-10235-72-4
Depósito legal: B 291-2025
Primera edición: Marzo de 2025

Impresión: Gráficas Rey

Impreso en España / *Printed in Spain*

*Este libro está dedicado a Kale,
mi principal compañero de coelevación.*

Índice

1

Descifrar el código del trabajo en equipo

Trabajo en equipo:

La ventaja competitiva definitiva se ve impulsada al: *a) sustituir las jerarquías tradicionales por la codirección de los equipos, labor que han de asumir los compañeros, e impulsar la promoción mutua, para lograr un alto rendimiento; y b) al pasar de los hábitos de trabajo habituales a una forma de colaboración integradora —propia del siglo XXI—, así como hacerse con prácticas, procesos y herramientas para lograr una innovación más audaz y una toma de decisiones más rápida.*

Cuando escribí mi primer libro, *Nunca comas solo*, con Tahl Raz, no me imaginaba hasta qué punto cambiaría la forma de pensar de la gente sobre las relaciones de pareja y la creación de redes, de algo transaccional a una auténtica inversión en una relación real que ha de empezar por la generosidad, cuando uno se deja la piel para servir a los demás. La lección más significativa fue que, quieras lo que quieras de la vida, la misión que te propongas lograr, la prosperidad que esperas para ti mismo, para tu familia, para tu comunidad, para tu causa, etc., hay un grupo de personas fundamentales que impulsan cada uno de tus sueños. Y eres tú quien ha de abrir estas puertas, con generosidad y autenticidad, para que estas relaciones florezcan. Es realmente sencillo y poderoso, una forma de vivir definida por la alegría, aquello sobre lo que he construido mi éxito y mi vida. Pero nunca vi el trabajo en red como mi propósito vital. Durante años, y a pesar de su éxito, estuve a punto de dar la espalda a *Nunca comas solo*. Personas de todo el mundo se me acercaban para decirme que el libro les había cambiado la vida. Me sentí bendecido, pero no lo interioricé realmente porque mi objetivo era algo muy distinto: un propósito que he sentido desde que era un niño pobre de Latrobe (Pensilvania) que veía a su padre, un obrero del acero en paro, aceptar cualquier trabajo para conseguir algo de dinero —a veces cavando zanjas— y a mi madre de rodillas fregando suelos por veinte dólares al día. Ese propósito está presente en todos mis libros y se remonta a mi infancia: el deseo de descubrir cómo ayudar a la gente transformando las empresas, de entender cómo mejorar las organizaciones, para gente como mi padre y familias que han sufrido como la nuestra, pero también por el bien común. Mi deseo siempre ha sido transformar equipos para cambiar el mundo. Siempre he querido llegar al quid de la cuestión: soy un experto del comportamiento centrado en prácticas de alto rendimiento. De eso precisamente trata este libro. Porque el mundo necesita un enfoque práctico, no teórico, para construir equipos de excelencia. De cómo ser un compañero de equipo extraordinario y qué prácticas podemos integrar en nuestro trabajo y cómo enseñar a los que nos rodean. Este libro, la obra de mi vida, es una hoja de ruta basada en la práctica. Todos podemos conseguir cosas extraordinarias con un equipo fuerte de almas comprometidas a nuestro alrededor, cosa que empecé a aprender en mi casa, en Latrobe. ¿Y la ironía de haber dejado de ser el «chico de las redes interpersonales»? Veinte años después de la publicación de *Nunca comas solo*, aprecio y adopto una idea que subyace a todas mis investigaciones y escritos: que hoy en día el desempeño laboral se desarrolla con fluidez en equipos de trabajo en red y que la productividad de los equipos se ve impulsada por relaciones que se establecen a propósito.

Los orígenes

Mi padre era un obrero siderúrgico en paro cuya familia había emigrado de Italia en busca de prosperidad y acabó siendo víctima del hundimiento de la industria siderúrgica que asoló Pittsburgh (Pensilvania) y todo el Cinturón del Óxido en la década de 1970. De niño, oía a mi padre llegar a casa y lamentarse durante las comidas de las prácticas que se llevaban a cabo en su lugar de trabajo. Su jefe le decía literalmente que fuera más despacio porque le estaba haciendo quedar mal, ya que trabajaba más que sus compañeros y alteraba la tasa media por su ritmo de trabajo. Si nos remontamos a los titulares de los periódicos de aquella época, se pueden leer historias sobre «importaciones extranjeras baratas de Japón». Las quejas apuntaban a que la mano de obra japonesa inundaba el mercado estadounidense, lo que permitía una competencia desmedida. Pero, en realidad, estaba ocurriendo algo más.

La gestión de calidad total (TQM, por sus siglas en inglés) es un concepto creado por académicos de Estados Unidos para exigir más a los equipos de primera línea; hombres como mi padre debían trabajar para obtener resultados óptimos, con ningún defecto, a través de equipos capacitados. Pero esta nueva forma de trabajar la desoía la arrogante industria siderúrgica, a pesar de haberla adoptado las fábricas japonesas para producir productos más asequibles y de mayor calidad. Años más tarde, yo estudiaría el concepto en la universidad y se convertiría en otro punto de mi creencia en que la transformación de los equipos puede cambiar las organizaciones. Pero de niño tan solo oía a mi padre lamentarse por todo lo que estábamos sufriendo. Estaba en paro, esforzándose por llegar a fin de mes y aceptaba cualquier trabajo. Mi madre tuvo que buscarse un trabajo de limpiadora, que odiaba. Pero lo más importante era que, a los diez años, le prometí a mi padre que algún día, de mayor (ahora os vais a reír), sería gobernador de Pensilvania y luego presidente de Estados Unidos, y que me ocuparía de la industria manufacturera estadounidense. ¿Y yo qué sabía? Todos a nuestro alrededor eran obreros. Llegué tan alto como pude para estar en condiciones de cambiar la situación económica de familias como la nuestra.

Si has leído *Nunca comas solo*, sabrás que terminé de camino a Yale con la ayuda de varios benefactores. No hay nepotismo alguno cuando creces en una familia en la que nadie ha ido a la universidad, a menos que «crees tu propia forma de nepotismo» a través de la red de personas a la que tú mismo das forma. Es el mismo principio que desarrollaría años más tarde en el libro *Leading Without Authority*: cómo los líderes que trabajan al margen de la autoridad que les otorga el organigrama de su organización pueden lograr cosas extraordinarias trabajando entre silos. En Yale me presenté como candidato a un cargo político en el ayuntamiento de New Haven (Connecticut). El *New York Times* se hizo eco de la historia y empezaron a llamarme personas adineradas de Pensilvania para decirme: «Vuelve cuando termines en Yale. Queremos que te presentes». Así que, cuando dejé Yale, hice dos cosas. Mientras que el trabajo estrella de la década de 1980 era Wall Street, fui el único graduado de Yale que se fue a trabajar a la industria manufacturera como líder en gestión de calidad total para una empresa química que se vendió a General Motors. También encontré un distrito electoral en el que creía que podía ganar.

Pero ocurrió algo que no había visto llegar: me enamoré de un compañero de la fraternidad a la que pertenecía. Apuesto a que no te lo esperabas, y era algo que yo tampoco me esperaba, como cristiano de la obrera Pensilvania. Y ese fue el final de mis aspiraciones políticas. En aquellos días, incluso Liberace era heterosexual. No, en serio, en aquella época era algo desgarrador desde el punto de vista existencial. Literalmente no había modelos que seguir, y no tuve el valor de ser el primero.

Pero vi una oportunidad.

Ya estaba haciendo un buen trabajo en la planta en la que me habían contratado. Podía redoblar mis esfuerzos y materializar mi misión de salvar la industria manufacturera estadounidense de otra manera. ¿Tal vez podría hacerlo a través de la propia empresa estadounidense, trabajando directamente en el ámbito de los negocios? Y quizá podría ser auténtico conmigo mismo fuera del ojo público de la política. Así que fui a la Escuela de Negocios de Harvard. ¿Quién financió mi matrícula? Mis mentores y benefactores, aquellos que estaban dispuestos a invertir en mi elección al Congreso. Las personas a las que sirves con firmeza como ser humano auténtico estarán a tu lado cuando las invites a formar parte de tus nuevos y cambiantes planes. Verás esa piedra angular de las relaciones a lo largo de este libro y de tu vida.

La experiencia de los equipos de Deloitte y Starwood

Desde Harvard, me incorporé a Deloitte, donde me convertí en la persona más joven en ser elegida socio y en CMO (*chief marketing officer*, director de *marketing*) a nivel mundial en muy poco tiempo, que fue en realidad la razón por la que me pidieron que escribiera *Nunca comas solo*, una historia sobre cómo acelerar el éxito mediante una mejor gestión de las relaciones. Inicié mi trabajo en Deloitte para desarrollar nuevas metodologías de trabajo transformadoras, más allá de la TQM, y adopté mentores como Michael Hammer para crear nuestra práctica de reestructuración y gestión del cambio, que me ayudó a mejorar mi aptitud a la hora de descifrar el código de las distintas formas de trabajar. También me asocié con un grupo de ejecutivos de Chicago para fundar la Lincoln Foundation for Business Excellence, con el fin de crear un premio que reconociera y guiara a las organizaciones en la adopción de nuevas formas eficaces de trabajar. Al final, entusiasmado por poner estas ideas en acción, me incorporé a Starwood Hotels como CMO y jefe de ventas globales. Rápidamente me di cuenta de que las cosas no eran como esperaba. En Deloitte, formábamos un equipo cuyos miembros subíamos juntos una cuesta. Nuestro objetivo era estar algún día a la altura de Accenture y McKinsey, pero éramos la última de las ocho grandes consultoras mundiales en cuanto a reconocimiento de marca y otras métricas. A pesar de ello, formábamos un equipo fuerte con una misión compartida. Cuando me fui a Starwood, teníamos una aspiración similar de reinventar el sector hotelero, pero no éramos un equipo cohesionado. Starwood había tenido cuatro consejeros delegados a lo largo de cinco años y, a pesar de grandes innovaciones, como nuestro galardonado programa de fidelización SPG, el Hotel W y el diseño del colchón con capa adicional de acolchado, el Heavenly Bed, estábamos por debajo de la escala de nuestros grandes competidores, Hilton y Marriott, y los costes que Starwood asignaba por hotel (para ventas globales y centros de llamadas, por ejemplo) eran mucho mayores. Cada uno de nuestros compañeros de equipo tenía todos los conocimientos que necesitábamos; contábamos con sólidos operadores hoteleros, brillantes ingenieros inmobiliarios y financieros, y mentes creativas y de *marketing* rompedoras, pero nunca logramos la seguridad y la interdependencia necesarias para unirlo todo y ganar. Starwood se vendió a Marriott en 2016, no porque estuviera haciendo un gran negocio, sino porque aún quedaba algo de valor en nuestro programa de fidelización de huéspedes. No era una forma de asegurarse grandes ganancias. Vi tan personal e íntimamente el poder de lo que ahora llamo espíritu de equipo, y la experiencia fue tan elocuente —tan satisfactoria en Deloitte, tan cruda en Starwood—, que me comprometí a fundar mi propio instituto de investigación y empresa de *coaching* para investigar y explorar las prácticas del espíritu de equipo.

Dos influencias

En aquel momento, a principios de la década de 2000, tenía dos influencias importantes en mi forma de pensar. Una era la obra seminal de Patrick Lencioni y su gran libro, *Las cinco disfunciones de un equipo*. La otra era la investigación de Gallup sobre la medición del compromiso de los empleados y su correlación con el rendimiento empresarial. La innovadora metodología Q12 de Gallup supuso un poderoso despertar para el ámbito de los recursos humanos, en el sentido de que la cultura corporativa podía tener formas de evaluar métricas direccionales para la mejora del negocio. Lo que advertí fue que esta investigación cualitativa basada en encuestas se centraba en el empleado individual y en la empresa, pero no en el equipo, que es lo que yo creía que era la esencia de dónde y cómo se produce el trabajo y cómo puede mejorarse. En aquel momento, comprender que si un empleado tiene un mejor amigo en el trabajo (uno de los primeros criterios de Gallup) aumenta su compromiso fue una información muy reveladora. Sin embargo, es un punto de vista diferente e igualmente importante preguntar si el empleado siente que su equipo le cubre las espaldas. Como líder o compañero de equipo, quiero tener un cuadro de mando que refleje el sentimiento y el rendimiento de mis compañeros, así como prácticas claras para que demos lo mejor de nosotros mismos. A menudo pasamos tan rápidamente de analizar el individuo y el líder a la empresa que nos perdemos el análisis crítico y la intervención del equipo. Quería ver un cuadro de mando que mostrara cómo lo está haciendo nuestro equipo y compararlo con equipos de alto rendimiento dentro y fuera de la empresa. Hablé con uno de los líderes de Gallup en aquel momento, que había desempeñado un papel decisivo en el desarrollo y la investigación del compromiso de los empleados, y sugirió que creáramos un diagnóstico del rendimiento del equipo lo más riguroso posible. Y así lo hicimos. Se trata de una pieza fundamental que falta a la hora de evaluar el rendimiento de la mayoría de los líderes y equipos. Puedes leer sobre el diagnóstico en el capítulo 2 y sobre su puesta en marcha en las páginas siguientes. Esa fue la génesis del Greenlight Research Institute, un organismo de investigación aplicada dedicado a diseñar intervenciones prácticas, según lo que denominamos «prácticas de alto rendimiento en equipo». Combinamos la investigación primaria de universidades como Oxford, Wharton, el Instituto Tecnológico de Massachusetts (MIT) y la Escuela de Negocios de Harvard con observaciones del mundo real a lo largo de veinte años de experiencia en calidad de entrenadores de los mejores equipos del mundo. Sé que *Nunca comas solo* causó sensación porque estaba repleto de prácticas sencillas que, si se ponían en práctica, podían cambiar las reglas del juego. Por lo tanto, este libro sigue la misma fórmula: hay más de treinta prácticas de trabajo en equipo para probar.

Introducción al espíritu de equipo

Durante décadas el papel del líder fue el protagonista, pero los mejores equipos del mundo no ganan solo por su liderazgo; ganan en gran medida gracias al compañerismo. Un buen líder da *feedback*. Un gran líder se asegura de que el equipo se retroalimente de manera mutua. Un buen líder responsabiliza a los miembros del equipo y se asegura de que se responsabilizan mutuamente. También mantiene alta la energía del equipo y asegura que el equipo es responsable de la energía de los demás. Pero, más que del líder, es responsabilidad del propio equipo. Si dejamos de lado al líder, los miembros de un gran equipo se siguen retroalimentando entre sí. Un gran equipo se responsabiliza mutuamente y es responsable de la energía de los demás. A lo largo de este libro exploraremos los datos que sustentan este análisis: las tres mil evaluaciones de diagnóstico realizadas con equipos a lo largo de veinte años de *coaching*.

Por qué es importante el espíritu de equipo

Esperamos todo del líder y nos centramos demasiado poco en los compañeros de equipo y en la responsabilidad mutua. Prácticamente hemos ignorado cómo extraer miles de millones de dólares de valor para los accionistas de la interdependencia del talento en el seno de los equipos y entre ellos. Cuando hablamos de un equipo, no nos referimos solo al organigrama, sino al grupo que trabaja para conseguir lo que hay que hacer. El trabajo se desarrolla en redes de equipos. La mejora de los equipos y de lo que significa ser un gran compañero es una de las oportunidades que se aprovechan menos para acelerar los resultados empresariales en la actualidad. De hecho, nuestra investigación ha revelado que gran parte de la erosión del valor para los accionistas proviene de un único hábito compartido por la mayoría de los compañeros de equipo: evitar los conflictos. El espíritu de equipo y nuestras prácticas se ocupan de ello.

Se cultiva un gran respeto y admiración por la imagen de un gran líder; sin embargo, las grandes empresas, los titanes, se ven alteradas por empresas de nueva creación con equipos de fundadores que tienen el espíritu de equipo integrado en sus comportamientos y prácticas cotidianas, y que se comprometen con la misión y entre sí. Son el 15 % de los equipos más disruptivos, lo que nuestra investigación ha puesto de manifiesto y algo sobre lo que indagaremos en el próximo capítulo. Se habla muy poco de cómo un líder puede animar a los equipos a pasar de estos viejos comportamientos, demasiado presentes, a los comportamientos, procesos, prácticas y herramientas de trabajo en equipo que exige el mundo laboral actual en todo el mundo.

El espíritu de equipo está diseñado para el cambiante mundo actual. La volatilidad y la presión sobre el rendimiento en el mundo que nos rodea exigen una determinación extrema y colectiva por parte de los compañeros de equipo. No deberíamos dedicar tiempo a rutinas que no hacen avanzar ni a protocolos que obstaculizan el crecimiento. En mi último libro, *Competing in the New World of Work*, describí una metodología llamada «adaptabilidad radical», basada en entrevistas y observaciones con más de dos mil líderes, sobre la aceleración del cambio a través de la incertidumbre. La adaptabilidad radical exige una cultura arraigada en la previsión, la inclusión, la agilidad y la resiliencia, así como en los comportamientos y prácticas de equipo que la impulsen. El objetivo es una cultura de trabajo de innovación ágil y audaz, y un espíritu de creación conjunta más amplio para que se produzca de forma acelerada. Los diez cambios necesarios para construir equipos reflejan el mundo actual de trabajo híbrido con equipos en red. Implican la necesidad de un contrato de trabajo cambiante y de agilidad en un entorno que se transforma de manera radical. Abordan cuestiones que simplemente no tenían el mismo lugar en la agenda hace dos décadas, como la diversidad, la equidad y la inclusión, o la aparición de la inteligencia artificial (IA) y su potencial para transformar la colaboración en equipo. Para transformar los resultados empresariales en el mundo actual, es necesario forjar una nueva cultura de trabajo.

El marco del espíritu de equipo

En última instancia, el cambio hacia el trabajo en equipo consta de dos fuerzas motrices:

Comportamientos de coelevación. La coelevación (*co-elevation*) es el acuerdo entre los compañeros de un equipo para que se logren los resultados propuestos. Es el contrato de un grupo de personas profundamente comprometidas a lograr una misión, pero también a ayudarse mutuamente mientras lo logran. Esto significa que los compañeros de equipo no se ocultarán nada, no evitarán los conflictos y compartirán lo que sienten con los demás y entre sí. En el *coaching* que hacemos nos unimos a las reuniones de personal y ayudamos al equipo a darse cuenta de que, aunque haya diferentes disciplinas o divisiones representadas en la sala, todos tienen que compartir el mismo objetivo empresarial. Esto consigue liberar el 30% del tiempo de un líder para que el equipo dé un paso adelante. Además, comprometer al equipo de compañeros con la coelevación en la sala permite acelerar la innovación, prácticas audaces y resultados extraordinarios. Aprenderemos más sobre cómo despertar comportamientos coelevadores en el capítulo 2.

Procesos y herramientas de colaboración del siglo xxi. Esto significa dejar de confiar en las reuniones ineficaces, propias de la vieja escuela, como principal forma de colaboración haciendo lo siguiente: a) adoptando modelos de trabajo que no tienen por qué ser simultáneos y programas informáticos de colaboración para adelantar ciclos completos de colaboración a las reuniones; b) fomentando una colaboración más integradora haciendo uso de los programas informáticos, para implicar a más personas en la creación conjunta y lograr una forma de pensar más audaz sin ralentizar los procesos; c) adoptando la agilidad como rasgo principal en toda la empresa, no solo en ingeniería o gestión de proyectos, sino desde el equipo directivo hacia abajo, y d) pensando en cómo la IA se convierte en parte del equipo. Hablaremos más sobre procesos colaborativos, *software*, IA y agilidad empresarial en los capítulos 6 y 7.

Podemos desglosar la gran transformación hacia el trabajo en equipo en diez cambios de comportamiento y de proceso, así como en prácticas sencillas que permiten pasar cada vez más del liderazgo tradicional de mando y control a la dirección conjunta del equipo por parte de los compañeros. Este tipo de liderazgo rara vez se enseña, ya que no es el modelo tradicional al que todos nos hemos acostumbrado, según el cual un líder dirige.

Veamos cada cambio con un poco más de detalle:

1. De la centralización en el líder a la coelevación de todo el equipo
    El primer cambio consiste en despertar en los miembros del equipo la esperanza y la posibilidad de una nueva forma de actuar y un mayor nivel de rendimiento. Mediante un ejercicio de diagnóstico se empieza a revelar el estado actual del equipo, lo que da una primera idea de cómo podrían ser las cosas si se decide aceptar un nuevo proceder al probar un conjunto diferente de comportamientos entre sus miembros. Este es un momento revelador, reforzado mediante la aplicación repetida de nuevas prácticas, lo que ayuda a un equipo a darse cuenta de que algo muy diferente es posible. El concepto de diagnóstico aparece en todo el libro.

2. De evitar conflictos a un clima de franqueza

En los mejores equipos no hay conversaciones a escondidas ni mensajes críticos directos entre compañeros de equipo acerca de los demás. Los compañeros de equipo llegan a acuerdos y se preocupan lo suficiente por el éxito de los demás como para no ocultarse nada entre ellos o al equipo que pueda ser valioso para lograr los mejores resultados.

3. De las relaciones fortuitas a la creación intencionada de vínculos de equipo

Aquí pasamos de las relaciones accidentales o fortuitas, las típicas de pasillo, a la creación de vínculos con un propósito muy concreto, para generar confianza y un verdadero entendimiento entre compañeros. Los equipos que han pasado a crear vínculos intencionados han cosechado grandes recompensas, muy por encima de las que les otorgaban los encuentros en el pasillo.

4. De la resiliencia individual a la de equipo

Este cambio consiste en que el equipo acepte el trabajo de apropiarse y aportar con los demás para sostener la resiliencia en conjunto, cubrirse las espaldas mutuamente. ¿Adónde recurrimos cuando nos topamos con un muro? Tomar conciencia y responsabilizarnos de nuestro esfuerzo no puede ser solo cosa nuestra o responsabilidad del líder o de recursos humanos; es nuestro trabajo como compañeros de equipo.

5. Aumentar la colaboración: mayor creación conjunta y adopción del *meeting shifting*

Celebrar una reunión no es la única forma de colaboración, ni siquiera la principal. Debemos cambiar a un enfoque más audaz e integrador de la colaboración que dé lugar a una mayor diversidad de pensamiento y a ideas más innovadoras al proceder de una red más amplia de partes interesadas, dentro y fuera de la organización. En última instancia, los mejores equipos no conciben la colaboración como una reunión, sino como un conjunto: una serie de modos diferentes de colaboración, desde la asincrónica hasta la presencial, cada uno de los cuales debe diseñarse a propósito. Incluso los equipos que funcionan de manera totalmente remota son conscientes de la importancia de los encuentros regulares en persona. La colaboración actual también debe incluir nuevos procesos y herramientas de trabajo en equipo y el aprovechamiento regular del *software*, incorporando las perspectivas de los compañeros de equipo y de la IA.

6. Un equipo ágil y ejecutivo

El sencillo pero poderoso cambio a un proceso de equipo ágil es el único sistema viable para navegar por la volatilidad actual y permitirnos mirar constantemente a lo que está por venir para adaptarnos y acelerar la consecución de iniciativas audaces.

7. De una cultura de escasos elogios a otra de celebración y reconocimiento

A pesar de todas las conversaciones difíciles y la responsabilidad entre iguales que implica el trabajo en equipo, no podemos olvidar el poder del reconocimiento y la celebración y, como en cualquier cambio, podemos tenerlo en abundancia si se concibe para que proceda de los compañeros, y no solo del jefe. El reconocimiento y la celebración nos siguen impulsando frente a los obstáculos y se necesitan a menudo por parte de todos los que nos rodean.

8. Diversidad, inclusión y pertenencia

Si tuvierais que entrenar a un equipo durante seis meses para que se convierta en el brillante emblema de la diversidad, la equidad y la inclusión, ¿qué haríais? Esta fue la pregunta que formulé a los líderes en una reunión del Foro Económico Mundial en 2023. Los equipos más innovadores disfrutan y construyen grandes proyectos a partir de perspectivas diversas. Convertir lo que a menudo son divisiones tácitas y parcelas de otredad y privilegio en conversaciones productivas puede tener una enorme repercusión en la capacidad de un equipo para aprovechar todo su potencial de innovación.

9. Un equipo con miembros que no paran de buscar y entrenarse mutuamente

   En un equipo de gran categoría, todos buscamos constantemente el crecimiento. Este cambio consiste en pasar de esperar que el líder nos guíe a aceptar a nuestros compañeros de equipo como nuestros entrenadores, y a responsabilizarnos mutuamente de nuestro rendimiento y crecimiento.

10. De los silos a la alineación

    Cuando los equipos adoptan estos diez cambios, consiguen lo que la mayoría no logra alcanzar y mantener: una alineación verdadera y constante, incluso a través de todos los baches que puedan aparecer en un mundo volátil como este, para convertirse en un equipo que se adapta con increíble facilidad. Pero no se trata solo de cambiar de mentalidad. Pasar de los viejos comportamientos a otros caracterizados por la coelevación, junto con los procesos y herramientas de trabajo en equipo, convierte las prácticas de alto rendimiento en hábitos de equipo. Una de mis frases favoritas es esta: «No pensamos en nuevas formas de actuar, actuamos en nuevas formas de pensar».[1] Totalmente cierto.

En cada etapa del viaje de transformación hacia el trabajo en equipo —a medida que aumenta la seguridad psicológica, se acelera la innovación y se obtienen los resultados—, un conjunto de prácticas de trabajo en equipo convierte los comportamientos en hábitos de equipo.

Introducir prácticas de trabajo en equipo

A través de nuestra investigación y seguimiento de miles de equipos, cuando vemos lo que se podría considerar «una mejor práctica», la aislamos, la analizamos y la volvemos a aplicar a otros equipos de nuestro conjunto de investigación hasta que nos cercioramos de que conducirá a resultados mensurables. Entonces se convierte en una práctica de equipo de alto rendimiento y la integramos en los equipos con los que trabajamos. Estas prácticas son la forma más sencilla de conseguir que un equipo adopte un nuevo comportamiento y, con el tiempo, una nueva mentalidad. Una práctica típica de trabajo en equipo es una tarea sencilla y específica que es relativamente fácil de hacer y que, si se repite, aumentará de manera drástica la eficacia del grupo. Cada capítulo del presente libro contiene varias prácticas diseñadas para lograr un cambio de comportamiento, mejorar el funcionamiento del equipo y mejorar la salud de la organización en general. Estas prácticas han sido el valor diferencial de nuestro *coaching* a equipos durante años: hemos logrado cambiar la cultura de las organizaciones a través de ellas y el trabajo de sus equipos. Nos han permitido ampliar nuestro *coaching* y contratar a muchos expertos capaces de ayudar a los equipos a dar vida a estas prácticas de alto rendimiento mediante su repetición durante seis meses. Tanto los *coaches* como los compañeros de equipo pueden convertirse en guías expertos que alienten el espíritu del trabajo en equipo. Haber tomado conciencia de que mi propia forma de *coaching* se podía ampliar, junto con mi deseo de tener un mayor impacto en el mundo de los negocios y la sociedad, me hizo decidir publicar estas prácticas para que todo el mundo tuviera el mismo acceso a estos cambios y prácticas. En vuestras manos, las de quienes formáis el equipo, está utilizar los consejos, procesos y herramientas coelevadores para avanzar hacia el trabajo en equipo. El mejor paso que se puede dar es nombrar a un embajador del espíritu de equipo en el grupo, alguien que se apasione por el cambio y se asegure de que todo el mundo adopta todos los cambios y prácticas. Con el tiempo, todos nos convertiremos en embajadores del espíritu de equipo, pero, para empezar, cuando la mayoría se olvida rápidamente y vuelve a caer en los viejos hábitos, tener a esta figura ayudará a poner en práctica los nuevos comportamientos.

Nuestro camino hacia el compañerismo

Durante los últimos veinte años, he entrenado a equipos a través de los diez cambios con resultados transformadores en seis meses. Lo ideal es que trabajéis con este libro en equipo, aprendiendo juntos nuevos comportamientos y prácticas que llevan a un alto rendimiento, poniéndolos en práctica una y otra vez. A lo largo del libro, se te ofrecerá un conjunto de preguntas de diagnóstico que ayudarán al equipo a entender la diferencia entre sus comportamientos y prácticas actuales y lo que lo llevará a ser un equipo de primera clase. Utiliza este libro como un cuaderno de ejercicios a medida que avanzas por cada capítulo y revisas las prácticas de equipo asociadas. Te sorprenderá cómo la adopción de las prácticas que conducen a un alto rendimiento te hará darte cuenta rápidamente de lo mucho que le queda por hacer a tu equipo. Confía en las prácticas. Adóptalas y utilízalas para pasar a ser un equipo de primera.

2

De la centralización en el líder a la coelevación de todo el equipo

Regla:

Estamos igualmente comprometidos con todos los objetivos del equipo y entre nosotros para conseguirlos.

Sergey Young estaba haciendo lo que la mayoría de los líderes consideran imposible: perseguir un objetivo de crecimiento para multiplicarlo por diez y, al mismo tiempo, liberar el 30% de su tiempo. El equipo de su empresa de capital riesgo tenía la ambiciosa misión de multiplicar por diez los activos gestionados hasta alcanzar los 10.000 millones de dólares, mientras que él quería dedicar más tiempo que nunca a su verdadera vocación, el nacimiento de un nuevo fondo y su profunda pasión por prolongar la vida humana. Young es exmiembro de McKinsey, inteligente, encantador, implacable en su empeño y exigente en sus normas, pero para lograr lo que quería necesitaba superar el único gran obstáculo para sus objetivos: su equipo tenía que convertirse en el motor de crecimiento de su negocio tradicional de capital riesgo. El comportamiento tradicional de Young —su brillantez, apetito por el trabajo y perfeccionismo— estaba limitando su ambición y el progreso de su equipo. Necesitaba compartir la carga del liderazgo con aquel.

Young sufrió su epifanía en Roma, en los hermosos jardines de la Ciudad del Vaticano, cuando estaba sentado conmigo junto a una fuente renacentista. Ambos habíamos sido invitados a una reunión organizada por el papa y su consejo para estudiar las repercusiones que tendría en la sociedad la prolongación radical de la vida humana. Young tenía ganas de dedicar más tiempo a la extraordinaria misión de prolongar la vida humana con salud invirtiendo en tecnologías de longevidad y biotecnología a través de un nuevo fondo, conocido como Fondo de Visión de la Longevidad. Young es uno de los creadores del concurso XPRIZE Healthspan, que concede 101 millones de dólares a cualquier equipo que consiga, en esencia, que los seres humanos mayores de 65 años sean al menos dos décadas más jóvenes tras un solo año de tratamiento. Es una misión para democratizar la longevidad, para prolongar la vida de todos los seres humanos, no solo de una élite multimillonaria. Personalmente, Young espera vivir mucho más allá de los cien años con un cuerpo tan sano y en forma como el de un joven de veinticinco. Nadie en su juicio apostaría contra él. Pero aquel día, hablando en los tranquilos jardines del Vaticano, le pregunté: «¿Cuál es tu proyecto más ambicioso, Sergey? ¿Lo comparten tus compañeros de equipo y son capaces de llegar a él?». Habló de su profundo compromiso con el crecimiento para sus inversores y la esperanza de liberar más tiempo para su trabajo sobre la longevidad humana. Él pensaba en ello como algo secuencial, pero yo le pregunté si se podría conseguir con un trabajo en paralelo. Si transformaba su estilo de liderazgo, ambos objetivos estarían al alcance de la mano. Young había conseguido que su apretada agenda funcionara dedicando el menor tiempo posible a cada tarea y dirigiendo a las personas, en lugar de potenciando al equipo de personas sumamente inteligentes que había contratado. Si Young quería hacer realidad ese proyecto, tendría que dejar de depender de su liderazgo personal y potenciar el trabajo en equipo. Como explicamos en el primer capítulo, el espíritu de equipo es la forma en que vemos ganar a los mejores equipos, el resultado de una ecuación simple: la adopción de lo que este capítulo definirá como comportamientos coelevadores entre los compañeros, junto con nuevos procesos, prácticas y herramientas de colaboración, todo lo cual se detalla en los capítulos siguientes.

Unas semanas más tarde, me reuní con Young y su equipo directivo en un entorno muy distinto, en la última planta de un hotel de Las Vegas, para una sesión de *coaching*. Mirando atrás, Young reconoce:

> Con el equipo siempre era así: «Yo te doy una directiva, tú vas y la sigues». Parecía la forma más eficaz de dirigir la organización. Por supuesto, llegué a darme cuenta de que el problema era que mi organización estaba demasiado centrada en mí. Había llegado al límite de mi capacidad de crecimiento y, por tanto, al de toda la organización. Me di cuenta de que, a menos que cambiara el *modus operandi* del equipo y nuestra forma de trabajar, nos íbamos a quedar estancados.

Utilizó una frase elegante para resumirlo: sabía que había contratado estrellas; ahora necesitaba una constelación. La cuestión era cómo provocar ese cambio.

Introducción al primer cambio: la coelevación

El primer cambio es un despertar y un compromiso con lo que llamamos «comportamientos de coelevación»: un gran momento de comprensión sobre las limitaciones de la forma en que la mayoría de nosotros hemos estado trabajando. Demasiados compañeros de equipo funcionan mientras comparten un espacio con los demás. Hacen su trabajo y no quieren molestarse unos a otros. Piensan que es su responsabilidad hacer todo lo que puedan en su silo y solo aceptan colaborar cuando es absolutamente necesario, no porque piensen que esta forma de trabajar añadirá riqueza, sino porque están bloqueados. En el peor de los casos, cuando la colaboración es desordenada y se producen desacuerdos y las relaciones son débiles, se acaba cayendo en el resentimiento entre quienes deberían estar en el mismo equipo. Pero, en la mayoría de los casos, simplemente perdemos la increíble oportunidad de colaborar y empujarnos unos a otros hacia lo más alto y lograr mucho más como equipo de lo que podríamos conseguir de manera individual. En un mundo de recursos escasos y extrema volatilidad, ir por libre no es la solución para el éxito, y mucho menos para un éxito de tipo exponencial. La mayoría de los equipos funcionan así; la mayoría de los líderes lo aceptan, algunos incluso lo fomentan.

La alternativa es la coelevación. Es el conjunto de conductas que impulsan el trabajo en equipo, el conjunto de compromisos de comportamiento de un equipo con la misión y entre sus miembros, según la creencia inquebrantable de ganar juntos y empujarse mutuamente hacia lo más alto en el proceso. Los comportamientos y prácticas de coelevación, junto con los procesos y herramientas del espíritu de equipo, nos llevarán a lugares con los que solo hemos soñado. Pero eso debe empezar con el reconocimiento de que la colaboración a la antigua usanza y de que cómo nos comportamos unos con otros y quiénes somos como compañeros de equipo necesitan un cambio radical.

Impulsados por este cambio, los equipos de mayor rendimiento pueden encontrar un crecimiento inesperado y disminuir numerosos riesgos. Luchan unidos para alcanzar objetivos ambiciosos y encuentran un enorme valor en las interdependencias que comparten. Incluso cuando un equipo puede estar formado por divisiones muy distintas, los compañeros pueden despertar la sabiduría y la perspicacia que se acumulan entre los compañeros. He sido testigo de este compromiso en las mejores empresas de la lista Fortune 500, en marcas emprendedoras, en *start-ups* de rápido crecimiento, en ONG e incluso en Gobiernos con los que hemos trabajado. Estos cambios y prácticas también pueden funcionar en un pequeño restaurante. En mi restaurante favorito, WeHo Bistro, se aplicó el método de la coelevación, y ahora el propietario dispone del 50% de su tiempo, y la comida, la calidad del servicio y la adherencia de los clientes están por las nubes. Escribí un artículo sobre cómo el Gobierno y el gabinete de Estados Unidos podrían funcionar mejor si aprovecharan los beneficios de la coelevación, y luego lo puse en marcha en el Gobierno de Bután. He visto a equipos de coelevación crear miles de millones de dólares de valor para los accionistas a través de la innovación, la transformación y una obstinada negativa a que el compañero fracase. Comparten la carga del liderazgo para lograr resultados extraordinarios. Este es el cambio que Sergey Young y su equipo necesitaban.

Mi querido amigo Peter Diamandis, cofundador de Singularity University, describió el antes y el después del cambio de los comportamientos de coelevación con su equipo en la XPRIZE Foundation. «Al final del día, si te sientes como si fueras responsable de todo y te aseguras de que todo el mundo está haciendo todo de manera constante, puede llegar a ser agotador —dice Peter—. Después de comprometerme con la coelevación, estoy superorgulloso de mi equipo. Y me siento entusiasmado con lo que está por llegar porque no lo gestiono todo en todo momento. Pueden ocurrir cosas asombrosas y sorprendentes». En los equipos comprometidos con la coelevación se forjan estrechas relaciones de creación conjunta basadas en la retroalimentación sincera y la responsabilidad mutua. Los resultados casi siempre superan lo que se podría haber conseguido a través de los canales habituales dentro del organigrama. Cuando nos comprometemos con el trabajo en equipo y los comportamientos de coelevación, trabajamos con más energía positiva, generamos ideas innovadoras más ambiciosas, ampliamos nuestras capacidades y ejecutamos a mayor velocidad. En comparación con los equipos de trabajo típicos, nuestra investigación muestra que los equipos de coelevación aumentan en un 79% el nivel de franqueza, en un 46% el de colaboración y en un 44% el de responsabilidad. Por desgracia, es una forma de trabajo que solo alcanza el 15% de los equipos del mundo.

Práctica de trabajo en equipo: la recontratación y el beneficio del compromiso de los equipos

Además de hablar de la «cultura» de una organización, me gusta llamar la atención de forma muy clara y práctica sobre el «contrato social» de un equipo de trabajo. De hecho, un contrato social (más a menudo poco claro y tácito) impulsa los comportamientos cuando nos relacionamos: cómo colaboramos, cómo nos tratamos, lo que se dice y lo que no se dice, nuestras formas de compromiso e incluso qué procesos y herramientas utilizamos para interactuar. Determina qué cuestiones abordamos y cuáles no. Un contrato social adecuado es la espina dorsal del éxito del equipo. Algunos lo llaman cultura, pero a mí esas discusiones me parecen demasiado vagas y poco importantes para el funcionamiento diario de un equipo. A mí me gusta pensar que se trata de un contrato entre compañeros de equipo que puede diseñarse con el máximo detalle posible a nivel de equipo, para que todos se responsabilicen mutuamente de la aplicación de las prácticas consensuadas que ayudan a que lo acordado se cumpla y se mantenga. El éxito de todo el equipo no se consigue solo con el cambio de comportamiento de una o dos personas, ni siquiera del líder por sí solo. Debe implicar que todos en el equipo estén de acuerdo en que hay viejos comportamientos que ya no nos sirven en el mundo en el que vivimos hoy y que deben dejarse atrás mediante la adopción de nuevas prácticas probadas. El cambio al espíritu de equipo comienza con una discusión abierta y una renegociación del contrato social existente para cada uno de los diez cambios aludidos. A medida que exploremos cada uno de ellos en los próximos capítulos, estudiaremos cómo abrir el debate sobre el nuevo contrato social y las prácticas que lo respaldan.

Este primer cambio, la llamada a los comportamientos de coelevación, no se basa tanto en acciones concretas. Es una nueva toma de conciencia, un despertar a la esperanza y la posibilidad de que es posible un nuevo conjunto de comportamientos y un nuevo nivel de rendimiento, que implica asumir la responsabilidad para ser un compañero de equipo de alto rendimiento. Para lograr ese despertar utilizamos una práctica en equipo basada en un sistema de trabajo de alto rendimiento denominada «recontratación», que volveremos a examinar en cada capítulo para cada cambio. En pocas palabras, es el proceso de discutir el contrato social actual y el posible nuevo contrato social para la coelevación, y de acordar las prácticas de trabajo en equipo de alto rendimiento que se están introduciendo.

Cuando se inicia este proceso, suele haber mucho que superar. Algunos equipos albergan algo de resentimiento, lo que los hace resistirse a las aportaciones e ideas de los demás. Creen que es aceptable hablar a espaldas de los demás. Como ya he mencionado, algunos miembros del equipo simplemente se centran en su labor, maximizando cada uno sus responsabilidades individuales y tratando de no ir más allá, a menos que necesiten colaborar cuando su trabajo se solapa con el de otros. En realidad, no se valora la diversidad de las aportaciones de los demás. Este es un escenario probable —entre otros muchos— en el que encontramos a muchos equipos. Por desgracia, se pierde mucho con estos viejos contratos de equipo, con estas suposiciones en las relaciones de trabajo. El contrato social de coelevación consiste en albergar un compromiso superior de rendimiento y servicio entre quienes forman el equipo. Pero dado todo el tiempo de viejas suposiciones, vividas a diario, ¿sabemos siquiera cómo sería servirnos los unos a los otros como compañeros de equipo comprometidos con la coelevación? ¿Cómo sería aunar todos estos cambios de comportamiento? ¿Y cómo llamamos la atención y nos damos cuenta de dónde podríamos y deberíamos cambiar a un nuevo conjunto de creencias y prácticas de equipo? Para ello, utilizamos una herramienta de diagnóstico con veinte preguntas y un sistema de puntuación de 0 a 5. Esto nos permite abrir el debate con los equipos sobre el contrato social que siguen y luego, a diferencia de las conversaciones concretas sobre cultura y valores, podemos ir evaluando los progresos cada mes mediante la observación y el debate sobre la adopción de prácticas sencillas y rentables de trabajo en equipo. Estas preguntas de diagnóstico abarcan los diez cambios ya mencionados del espíritu de equipo. En el capítulo correspondiente encontrarás las preguntas asociadas a cada cambio y cómo abordarlas con tu equipo. La lista completa de preguntas de diagnóstico se encuentra en el apéndice.

Cabe apuntar que uno de los problemas que hemos encontrado es que tendemos tanto a aceptar el comportamiento de los equipos hoy en día que, si ponemos en marcha la herramienta de diagnóstico antes de hablar sobre lo que significa cada una de las preguntas y lo que la nueva norma representa realmente en la práctica, los resultados difieren bastante con respecto a proceder de manera contraria. Una pregunta como «¿Nos desafiamos los unos a los otros cuando es arriesgado hacerlo?» recibe una puntuación bastante alta si se formula sin un debate previo entre el equipo, ya que la gente nunca ha pensado realmente en cómo funcionaría o se mostraría este grado de debate sincero en relación con el trabajo actual del equipo. Pero si podemos explicar qué implica esa pregunta cuando un equipo lleva su nivel de franqueza más allá y asume riesgos en conjunto, y lo contextualizamos antes de responder a la pregunta, la puntuación es bastante más baja.

Es importante contextualizar la pregunta para que el equipo la tenga en cuenta. Se puede hacer afirmando lo siguiente, por ejemplo: «Cuando hay algo con lo que no estás de acuerdo, y se trata de un tema con carga emocional, ¿se suele dejar pasar?». O quizá mediante un ejemplo que todos vemos a diario, como «Si salimos de una sala, ¿las conversaciones reales empiezan a producirse en el pasillo, después del encuentro?». Preguntar algo así puede suscitar respuestas más precisas. ¿Decimos lo que verdaderamente pensamos? Cuando sabemos que hay una falta de alineación, ¿asumimos que se acabará solucionando en algún momento? ¿Vemos a veces a la gente callarse o hacer algo distinto de lo que se habló? ¿Tenemos «reuniones después de la reunión»? ¿Se envían mensajes privados durante una reunión sobre el tema que se está tratando?

Estamos tan acostumbrados a aceptar equipos mediocres, que no nos damos cuenta de que carecemos de integridad profesional en nuestro contrato social; estamos tan lejos de ser capaces de imaginar cómo podríamos mejorar la situación, que nos acabamos sintiendo insatisfechos con nuestro comportamiento. Del mismo modo, cuando entrenamos a un equipo durante meses para que alcance un nivel de coelevación, descubrimos que a veces la segunda vez que realizan el diagnóstico las respuestas reciben una puntuación más baja en algunas áreas porque el equipo se ha dado cuenta de cómo se produce la retroalimentación real entre ellos o de cómo se pueden responsabilizar mutuamente. Luego, el tercer diagnóstico es mucho más preciso, ya que ese despertar, junto con la aplicación de las prácticas de alto rendimiento, es exactamente lo que el equipo necesitaba para elevarse en conjunto.

Siempre es un buen punto de partida desvelar de forma transparente el contrato social existente entre los compañeros de equipo con los resultados del diagnóstico y entablar un debate sano entre el equipo sobre el estado de los comportamientos que tienen lugar entre sus miembros. El diagnóstico y el debate son el comienzo del compromiso del equipo con un nuevo contrato social de coelevación.

Reglas y hábitos

Las reglas de un equipo, redactadas de forma sencilla y fáciles de recordar, sirven para cada uno de los diez cambios que se acuerdan como parte del nuevo contrato social y tratan de cómo debemos ser los unos con los otros. Son compromisos que hacemos a nuestros compañeros de equipo para trabajar con ellos de manera que ayuden a conseguir cada uno de los diez cambios del trabajo en equipo. Por su parte, un hábito es algo que hacemos con regularidad, por ejemplo, una vez al mes, y según el cual echamos la vista atrás y nos preguntamos: ¿cómo estamos cumpliendo nuestros compromisos con las reglas y hábitos que acordamos para conseguirlos? ¿Hemos caído en los viejos comportamientos del contrato social e infringido estos nuevos acuerdos? ¿Necesitamos señalar dónde podríamos haber utilizado mejor las prácticas de trabajo en equipo de alto rendimiento? Se pide a todos que se preparen para este debate, por lo que debemos celebrar cuando se comprometen y comprenden que todos somos humanos y cometeremos errores y seguiremos creciendo juntos. No hay que esperar ser perfectos ni avergonzarse de crecer a partir de nuestros errores. La regla para el cambio de una dinámica centrada en el líder a la coelevación es esta: «Todos estamos igual de comprometidos con todos los objetivos del equipo y entre nosotros para conseguirlos».

A partir de ahora, cada capítulo tiene una regla y una sección que versa sobre la recontratación para ayudar al equipo a explorar lo que el cambio significa para él antes de proceder al diagnóstico. También encontrarás la lista completa de normas en el apéndice.

Como mencionamos en el primer capítulo, con cualquier programa de cambio es tentador volver a caer en los viejos hábitos. Nombrar desde el principio a un embajador del espíritu de equipo para que trabaje junto al líder y al equipo para abogar por los nuevos comportamientos y prácticas contribuirá a fomentar su adopción. Es tarea de todos los miembros del equipo emprender este viaje. Es tarea de todos los miembros del equipo comprometerse a mejorar el rendimiento y las normas de comportamiento del equipo. No es tarea de una sola persona. Pero, si alguien del equipo tiene el poder de animar y hacer de entrenador al principio, esto también ayudará a acelerar los cambios.

Desde contratar estrellas hasta formar una constelación

Para que el equipo de Sergey Young pudiera alcanzar su objetivo de multiplicar por diez su crecimiento y cumplir su ambición de disponer de más tiempo para su fondo de longevidad, necesitaba un nuevo contrato social de equipo. Por ejemplo, en el antiguo escenario, la idea de que se desafiaran unos a otros delante de Young era muy improbable. ¿Y la idea de que alguna vez cuestionaran abiertamente la opinión de Young? Una quimera. Hicimos un ejercicio de diagnóstico que comparaba al equipo directivo de Young con el estándar a nivel mundial.

Contextualicé cada pregunta del diagnóstico y di vida a cada uno de los cambios del espíritu de equipo. Les animé a responder a las preguntas de diagnóstico sin miedo ni vergüenza. Es un proceso anónimo. Young insistió en esto: «Cómo decimos que somos es solo un punto de referencia en un viaje que podemos emprender juntos, y es nuestra decisión en calidad de equipo lo lejos y lo rápido que queremos llegar». Las puntuaciones eran bajas. Entonces, formulé tres preguntas:

- ¿Queremos quedarnos donde estamos?
- Al realizar el diagnóstico, ¿en qué aspectos en particular sentisteis que necesitabais cambiar y renunciar a algunas viejas formas de trabajar que quizá no os hayan servido?
- ¿Estáis dispuestos a comprometeros mutuamente a adoptar nuevos métodos basados en estos puntos?

Como uno de los ejecutivos de Young me reconoció meses después: «La oportunidad se hizo evidente, la de que la adopción de nuevas formas de trabajar era la única manera de que pudiéramos cumplir los objetivos de crecimiento —escandalosos en apariencia— de Young. Si todos poníamos sobre la mesa nuestros principales problemas y trabajábamos juntos para alcanzar un objetivo común, en lugar de matarnos a trabajar individualmente para satisfacer a Young, esos ambiciosos objetivos pronto dejarían de parecerlo». En cuanto a Young, afirmó: «Rápidamente pude dedicar más tiempo a la estrategia y las relaciones con los inversores para el negocio principal de capital riesgo, al tiempo que desarrollaba mi nuevo proyecto, el que me apasionaba. Mi trabajo pasó a consistir en asegurarme de que el equipo creciera y se sintiera apoyado por los demás, en lugar de que se sintieran acorralados y responsables solo ante mí. El trabajo de *coaching* liberó alrededor de un tercio de mi tiempo y nos permitió tanto cumplir los objetivos originales como poner en marcha un negocio completamente nuevo». Lo cierto es que el trabajo en equipo liberó ese tiempo y puso al alcance de Young sus extraordinarios objetivos.

3

De evitar conflictos a un clima de franqueza

Regla:

Hablamos con valentía.

«Bienvenidos a la "reunión del equipo de las cosas importantes". Este no es el momento ni el lugar para dar vueltas sobre lo bien que lo está haciendo el equipo. También hay momentos para eso, pero ahora no, aquí no —dice Bill Connors, presidente de Xfinity para Comcast Cable, el mayor operador de banda ancha y televisión de pago de Estados Unidos—. Todo el mundo está aireando sus trapos sucios. Todo el mundo habla de los problemas de todo el mundo y todo el mundo se centra en cómo solucionar estos problemas operativos». Si una persona ajena a la empresa se uniera a la reunión a mitad y escuchara el debate, la franqueza y la colaboración, le resultaría difícil saber quién tiene el problema a fin de cuentas. Si los miembros del equipo han tenido una semana de operaciones críticas, es muy probable que el responsable de *marketing* ofrezca consejos y haga recomendaciones que contribuyan a la solución desde su punto de vista, con el ánimo de ayudar a su compañero de equipo. Si se ha producido una caída de la demanda, el responsable financiero puede ser una de las voces más firmes que ofrezcan su visión y apoyo. Si hay que cubrir huecos de muy alto valor en las cuentas, se espera que el responsable de experiencias digitales aporte ideas, porque se trata de un esfuerzo colectivo para encontrar la mejor solución. Sin duda, no se quedarán en su sitio y permitirán que un compañero fracase. Si formamos parte del equipo de liderazgo, todos estamos en el papel de los demás para asumir los resultados empresariales totales, porque es responsabilidad del equipo señalar todos y cada uno de los fallos en el rendimiento, y alumbrar ideas positivas para el éxito empresarial y la innovación, dondequiera que se necesiten. En los mejores equipos, hasta el 30 % de la atención se dedica a las necesidades de la empresa en general, no solo de la propia división.

Describiremos en detalle la práctica de las «reuniones del equipo de las cosas importantes» unas líneas después. Cabe apuntar que son una labor más de la semana laboral de Connors en Comcast desde hace más de cuatro décadas. Son la firma de su enfoque del trabajo en equipo, lo que le ha permitido ascender desde la operación de banda ancha de la empresa en Singapur a la dirección de todas las divisiones del este, medio oeste y centro de Estados Unidos, y dirigir una empresa con más de 52 millones de clientes y 60.000 millones de dólares de ingresos. Durante sus once años como presidente de la división central, consiguió que estas zonas geográficas, históricamente difíciles en cuanto a cuota de mercado y resultados financieros, pasaran de tener un rendimiento inferior al de todas las demás unidades de negocio a superarlo, convirtiéndose en el motor de crecimiento de la cuota de mercado de la empresa y en el mayor contribuyente individual al EBITDA de todas las unidades de negocio de la familia de activos Comcast/NBCUniversal. Este tipo de reuniones del equipo es la forma que tiene Connors de crear una cultura de franqueza sobre los temas que impulsan los resultados. La gente suele decir que «hay que alabar en público y retar en privado». Pues bien, es así como se pierde la oportunidad de enfrentar los retos a las opiniones de otras personas. Si creo que una iniciativa entraña riesgos indebidos, pero decido esperar a comunicarla más tarde en privado, estoy perdiendo la oportunidad de dar mi opinión públicamente y de que otros miembros del equipo la debatan para que mis ideas ganen fuerza o se sometan a la sabiduría del equipo. Esa vieja creencia de elogiar en público pero rebatir en privado es propia de un equipo de personas sensibles en exceso, quizá a la defensiva, que no han acordado aprovechar el equipo para sopesar y poner a prueba las ideas de los demás. «La reunión de las cosas importantes no es fácil cuando se presenta por primera vez a un equipo —dice Connors—. Para muchos, es casi imposible mantenerse en el orden del día porque siempre quieren decir algo como esto: "Acabamos de ganar cuatro premios por nuestro último proyecto". Realmente fantástico, pero no sirve ahora. Luego, cuando empiezas a ver que se habla de lo que hay que hablar; cuando empiezas a obtener mejores resultados —resultados operativos reales—, aumenta la confianza y se entiende mejor la razón de este nuevo enfoque. Ahora se entiende por qué estamos haciendo esto». Connors describe la reunión como un elemento esencial para alentar la franqueza del equipo directivo y para marcar la pauta de una cultura operativa organizativa más amplia, dispuesta a compartir lo que hay que arreglar y quién tiene que hacerlo. «Aplaudimos los objetivos que van bien y la increíble ética de trabajo, y damos las gracias —dice Connors—. Pero volvemos una y otra vez a hablar de todo lo que no va al ritmo previsto y de lo que no se está cumpliendo. Si se hace así, se condiciona a toda la base de empleados a sentirse cómodos con la franqueza y establecer un nuevo estándar para los equipos de alto rendimiento».

Hay que airear los trapos sucios

Los mejores equipos saben que la luz del sol es el mejor desinfectante. Tenemos que llamar a la franqueza y darnos cuenta de lo dañino que es para un equipo evitar los conflictos. Nos perdemos innovaciones audaces y exponemos a la organización a riesgos innecesarios cuando las oportunidades y amenazas no se articulan con transparencia. El antiguo contrato social del equipo consiste en no hablar por miedo a poner a un compañero en algún tipo de situación comprometida, pero el nuevo contrato social consiste en no contenerse por miedo a dejar que el compañero luche y fracase sin el valor de tu opinión. Sin embargo, demasiados equipos siguen anclados en esos viejos comportamientos. A pesar de la ardua labor de mi amiga Kim Malone Scott en *Franqueza radical* para librar a los equipos de tales comportamientos, siguen estando muy extendidos, y necesitamos nuevas prácticas.

Nuestra investigación muestra que el 72% de los miembros de cualquier equipo trata de evitar los conflictos. Demasiados equipos hablan en tono crítico y discreto en conversaciones privadas. La «reunión que tiene lugar después de la reunión» es una verdadera fuente de franqueza y transparencia, pero debería producirse en la propia reunión. El problema puede ir tan lejos como las conversaciones a espaldas de los demás, de las que seguramente se nos advirtió que eran de mala educación cuando estábamos en el patio del colegio y que, sin embargo, siguen estando presentes en algunos pasillos de los lugares de poder más prestigiosos. Los altos directivos que permiten conversaciones a espaldas de los demás están permitiendo lo que, según nuestros estudios, es el comportamiento más agotador de los equipos de alto rendimiento y el que causa la mayor erosión del valor para los accionistas. El espíritu de equipo consiste en un cambio hacia un contrato social que implica preocuparse lo suficiente por el éxito de los demás como para no ocultar nada al equipo que pueda interponerse en el camino a las mejores soluciones. En nuestro diagnóstico, el equipo medio obtiene un 2,4 en una escala de 5 puntos en lo que se refiere a franqueza. A través de prácticas que crean una seguridad psicológica que permite a los miembros de un equipo poner a prueba abiertamente las ideas al servicio de la misión, los equipos pueden alcanzar un 4,5 en esa escala de 5 puntos en solo seis meses.

La franqueza mejora la toma de decisiones

Un equipo en el que se valora la franqueza es el de iHeartMedia, dirigido por Bob Pittman, presidente y CEO. Pittman se ha ganado un lugar en el salón de la fama de los medios de comunicación. Fue cofundador y programador de MTV en 1981, y pionero de la televisión por cable como CEO de AOL Networks, cuando el 50 % de todo el tráfico de internet pasaba por AOL, empresa que introdujo internet en el mercado de masas, y luego pasó a ser director de operaciones de AOL Time Warner. iHeart es la empresa de audio número uno de Estados Unidos y llega a nueve de cada diez estadounidenses cada mes, ya sea a través de su red de más de 860 emisoras de radio en directo, de sus plataformas digitales, incluida la aplicación iHeartRadio, o de su floreciente negocio de pódcast. Al igual que Connors, Pittman siempre ha creído que la franqueza al servicio de una toma de decisiones eficaz en equipo es vital, pero él ha ido un paso más allá. Ha hecho de la discrepancia uno de los valores corporativos de iHeart. «La discrepancia es bienvenida en todo el equipo y queremos escucharla porque es esencial —reconoce Pittman—. La discrepancia interdisciplinar siempre tiene que ver con las soluciones a un reto real. No es decir: "Eso no sirve, no me gusta, no me lo creo, nunca funcionará". Eso es refunfuñar. Disentir adecuadamente puede consistir en señalar que algo podría no funcionar porque "yo tengo esta visión que puede que tú no tengas desde tu punto de vista o experiencias, y también tengo esta idea que podría considerarse"». Las reuniones son el espacio para luchar contra los problemas que hay que resolver. Cualquier problema. «No digas nada en mi despacho que no dirías en la reunión del STRATCOM, que es nuestra reunión de altos cargos —dice Pittman—. Y no quiero que me recites lo que has hecho. Por favor, no traigas eso a la reunión. Habla de excepciones, de lugares en los que estás luchando y lugares en los que otros te están ayudando. Tenemos que centrarnos en lo que va mejor y por qué, lo que va peor y lo que podemos hacer. Y vamos a profundizar en esas cuestiones como un equipo en el que tenemos un conjunto más rico de opiniones procedentes de experiencias diferentes que podrían construir una solución rompedora». Y no es por exagerar, pero no hay que escuchar a puerta cerrada nada que no pueda abordarse con el equipo, especialmente en lo relativo a los conflictos entre ejecutivos. «Si tienes algo que no puedes solucionar con otra persona, exponlo en la reunión —dice Pittman—. No importa en qué estés atascado, podemos tratar de encontrar una solución». Dice que, al contrario de lo que piensa la mayoría de la gente, ser abierto y directo es la máxima muestra de respeto. Puede que al principio no resulte cómodo o fácil, «pero demuestra que todos estamos comprometidos con la misión compartida y entre nosotros. Eso significa que no dejaremos que los demás fracasen, como también significa que tenemos que compartir nuestros puntos de preocupación y desafíos», dice Pittman.

Prácticas de trabajo en equipo

Una vez completado el diagnóstico y establecida la regla, seis prácticas de trabajo en equipo apoyan el cambio para pasar de evitar conflictos a la franqueza, incluidas dos prácticas que reflejan comportamientos fundamentales de todo equipo de primera categoría, «el poder de los tres» y «la prueba de esfuerzo».

1. **El poder de los tres**. Se trata de facilitar un clima de franqueza dividiendo las reuniones en grupos más pequeños (normalmente de tres personas) para abordar cuestiones específicas.
2. **Pruebas de esfuerzo**. Equipos de primera categoría rebaten ideas y propuestas, pero también identifican las formas en que los miembros que los forman pueden ayudar a ponerlas en marcha.
3. **Pausa de franqueza**. Una forma rápida de comprobar lo que no se dice, pero debe decirse, en una reunión.
4. **Reuniones atípicas**. Como, por ejemplo, la reunión semanal del equipo de Bill Connors para identificar lo que hay que afrontar.
5. **Yoda en la habitación**. Sucede cuando, ante una situación difícil o inestable, se emite un mensaje seguro o se abre un proceso para decir todas las verdades, por duras que sean.
6. **Contratar franqueza**. La creación de una cultura corporativa de franqueza comienza en el momento en que se contrata el ta-

lento, tanto a través de cómo te presentas en la entrevista como del candidato.

Diagnóstico de franqueza

Primer paso. Debate en equipo sobre la franqueza

Trabajando con el equipo de Pittman en iHeart, pregunté: «Echemos un vistazo a la sala. ¿Tienen todos la capacidad de desafiarse unos a otros? Si alguien cuestiona lo que hace Trevor, ¿podemos compartirlo en voz alta? ¿Podemos discutir y debatir cómodamente en público? No me refiero solo a cuando Bob convoca una reunión específica sobre un tema. ¿Somos proactivos a la hora de expresar aquí toda nuestra voz crítica cuando es necesario, aunque hacerlo pueda parecer arriesgado?». Todos los miembros del equipo de iHeart se dieron cuenta de que tenían margen de desarrollo. De hecho, cuando fueron a las reuniones después del diagnóstico para hablar sobre lo que había que cambiar, uno de los ejecutivos reconoció de manera abierta que había participado recientemente en una conversación a través de un canal no oficial, a espaldas del equipo, y acordaron comprometerse a cambiar de comportamiento durante el mes siguiente. El equipo estuvo de acuerdo ¡y el reto de un mes entre el equipo estaba en marcha!

Segundo paso. Preguntas de diagnóstico

Todos los miembros del equipo puntúan de 1 a 5 las siguientes afirmaciones (1: Totalmente en desacuerdo; 2: En desacuerdo; 3: Ni en desacuerdo ni de acuerdo; 4: De acuerdo; 5: Totalmente de acuerdo):

- Todos los miembros del equipo están dispuestos a retar directamente a los demás, incluso cuando es arriesgado hacerlo o el tema está fuera de su área de confort o de experiencia.
- Todos los miembros del equipo se responsabilizan activamente de los compromisos y resultados de los demás.

El diagnóstico lo debe administrar un miembro del equipo que se considere imparcial y de confianza, ya que la puntuación es anónima y no se atribuirá a personas concretas. Puedes utilizar una herramienta de evaluación en línea. Nuestros estudios demuestran que los equipos de primera categoría obtienen una puntuación de 4,5 sobre 5 en el diagnóstico de franqueza.

Regla y hábitos

Un mes más tarde, en nuestra siguiente reunión de transformación con el equipo de Pitt, utilizamos la práctica del hábito para comprobar nuestro progreso hacia la regla «hablamos con valentía» y si se había infringido el nuevo contrato social desde la sesión anterior. El objetivo era exponer toda infracción posible y debatir sobre ello. De nuevo, otro miembro del equipo admitió haber hablado a espaldas de un compañero y se comprometió a abordarlo con él. Discutir abiertamente cualquier violación del nuevo contrato social es un gran paso para muchos equipos a la hora de impulsar el cambio y la confianza entre sus miembros.

En posteriores ocasiones, Pittman lo celebró: «A veces, las personas que se encuentran en un callejón sin salida acuden ahora a la reunión del STRATCOM no para que se dicte sentencia, sino para que se airee más ampliamente el asunto y quede más claro. La realidad es que las conversaciones en la sombra o entre solo dos partes suelen conllevar información incompleta. Llevar el asunto al STRATCOM nos asegura que todo el equipo tiene peso a la hora de crear valor a partir de las interdependencias del equipo». En retrospectiva, el equipo de Pittman comprendió y aceptó la necesidad de un nuevo contrato social para respetar un alto nivel de franqueza en iHeart. Esto dio vida a sus nuevos comportamientos de equipo, a la adopción diligente de prácticas de alto rendimiento.

La sencilla regla para el comportamiento del equipo en torno a la franqueza es esta: «Hablamos con valentía». Sacar a colación esta regla mientras el equipo trabaja en las siguientes prácticas de trabajo en equipo ayudará a comprobar si todos están cumpliendo o no el nuevo contrato social y adoptando los nuevos comportamientos.

Práctica de trabajo en equipo. El poder de los tres

Una de las prácticas de colaboración en equipo más poderosas, aunque a menudo ignorada, es el poder de los tres. Al dividir todo el equipo en grupos más pequeños de tres personas, aunque solo sea para encontrarse entre cinco y ocho minutos, se favorece una enorme seguridad psicológica. En estos grupos pequeños, ya sea cuando los equipos están juntos en una oficina o trabajando virtualmente, la gente tiene más valor para compartir de manera abierta. En una sala de reuniones grande, puede ser tan sencillo como girar las sillas unas hacia otras para mantener debates en grupos más pequeños. En el capítulo 6 se analiza más a fondo la colaboración y el aumento de la seguridad psicológica, pero nuestros datos demuestran que la franqueza en pequeñas salas de reuniones es un 85 % mayor que cuando los equipos se reúnen en una gran sala principal. En grupos más pequeños, los individuos hacen autocrítica y priorizan ideas. Luego, cuando vuelven a la sala grande y se les pregunta sobre el debate que acaban de mantener, es poco probable que tergiversen lo abordado por miedo a quedar mal y admitir ante los compañeros que han roto el contrato social de franqueza y transparencia. Pedir a los grupos que escriban sus ideas en un documento compartido ayuda a difundir la franqueza entre todos. Pittman afirma que la creencia de que la gente quiere hablar abiertamente en reuniones con equipos más grandes es un verdadero error. «Solía pensar que tendríamos buenas discusiones en salas con quince personas —dice—. Luego salías de la reunión y veías a dos personas en un pasillo diciendo lo que realmente tenían que haber compartido en la sala de la que acabábamos de salir, pero no tenían tiempo ni confianza. Cuando utilizamos pequeños foros de conversación, obtenemos una visión más completa de lo que está ocurriendo y un debate mucho mejor. En caso contrario, sé dónde se encontrará la verdad: en los pasillos, después de la reunión, y todos sufriremos las consecuencias».

Práctica en equipo. Pruebas de esfuerzo

Esta práctica en equipo es fundamental en un equipo de alto rendimiento. Nuestro nuevo contrato social consiste en adoptar una dinámica de desafío, un acuerdo claro que implica que, cuando se ve algo, se dice algo. Uno de los mayores lastres de la antigua cultura era el tan manido informe que obligaba a los equipos a sentarse durante horas ante esas veinte páginas que alguien lee mientras solo un par de personas intervienen. La mayoría se sienta en silencio o responde a correos electrónicos durante esas presentaciones, y si alguno tiene un punto de vista discrepante, a menudo se decide aplazar su intervención o quizá nunca expresa sus ideas porque considera que están fuera de su área o que no serán apreciadas. Los equipos de primera no hacen eso. Las pruebas de esfuerzo son un proceso básico que puede introducir y poner en marcha modos totalmente diferentes de colaboración y trabajo ágil, como veremos en el capítulo 7.

Esta práctica convierte la adopción de la cultura del reto en una tarea clara y precisa, que no se deja al azar ni se espera a que cambie toda la mentalidad y la cultura de un equipo. Funciona así: un miembro del equipo presenta un proyecto de alta prioridad en una reunión de equipo. A diferencia del típico «informe», se limita a una presentación muy breve, idealmente de una sola diapositiva, en la que se esboza lo siguiente:

- ¿Qué se percibe que se ha conseguido hasta ahora?
- ¿Dónde están *luchando*? (El uso de esta palabra aquí es importante, ya que obliga a compartir la vulnerabilidad y una invitación al grupo de apoyo a través de sus consejos).
- ¿Qué está previsto para la siguiente fase de trabajo?

Al equipo se le dice que se haga estas preguntas para poner a prueba dónde está el individuo y hacia dónde se dirige. Es muy importante señalar antes de formularlas que no se trata de una invitación a apropiarse de la responsabilidad o autoridad de la persona. Por el contrario, es el compromiso de darle el beneficio de una retroalimentación para aumentar las posibilidades de éxito; para asegurarse de que ve los riesgos y las oportunidades que tú mismo puedes ver para que no fracase, y para darle el *input* más rico para que lo considere.

A continuación, los miembros del equipo se reúnen en salas virtuales, si la reunión es de este tipo, o se sientan en grupos de tres. Se pide a los grupos pequeños que pongan sobre la mesa sus ideas y consejos, y ofrezcan comentarios y críticas constructivas sin tapujos siguiendo este sencillo formato:

1. ¿Qué retos o riesgos ven los miembros del grupo de trabajo a partir de lo que se ha presentado?
2. ¿Qué innovaciones o consejos podrían sugerir?
3. ¿Qué ofertas de apoyo o ayuda quieren ofrecer?

Los grupos de tres personas trabajan colectivamente para aportar todo lo que puedan a fin de garantizar el éxito de su colega, sin dejarse asunto alguno en el tintero en función del tiempo asignado, que puede establecerse según la complejidad de lo que se esté tratando, con unas sencillas cuestiones que requieren menos tiempo. Los grupos cuestionan todo lo que pueda implicar niveles de riesgo inaceptables o innecesariamente altos, aportan ideas para mitigar ese riesgo y, por supuesto, mantienen un tono respetuoso y profesional. Es esencial recoger los comentarios de las salas de reuniones y los grupos reducidos en un documento compartido dividido en columnas, en función de los retos, las innovaciones y las ofertas de ayuda. De este modo se garantiza que la persona responsable del proyecto disponga de aportaciones claras y bien documentadas que abarquen una variedad de perspectivas, junto con ofertas concretas de apoyo. Escribir con un grado suficiente de especificidad es un arte que el equipo desarrollará, y algunos, como se verá más adelante, optan por trasladar poner esta oportunidad de retroalimentación en marcha antes o después de la reunión, dando así a todos tiempo suficiente para considerar todas las aportaciones. Esta práctica garantiza que, cuando el proyecto llegue a buen puerto, se haya sometido a un examen riguroso y se beneficie de todo lo que el equipo sabe.

Una vez que los equipos comparten sus opiniones, es esencial que el destinatario, en tiempo real o tal vez a través de algún tipo de seguimiento posterior, brinde a quienes contribuyeron una reacción y respuesta claras a lo que han aportado, ofreciendo un resumen de lo que se ha compartido con un «Sí, lo haré», un «No, por esto y esto» o un «Tal vez, aunque necesitamos investigar más antes de tomar una decisión». Este «Sí/No/Tal vez» es un paso importante que hay que dar al final de este ejercicio, y garantiza de nuevo que existe una transparencia total y que este proceso no desacredita a la autoridad.

Práctica de trabajo en equipo. Pausa para la franqueza

Imaginemos que un equipo ejecutivo está debatiendo un cambio en su política de trabajo a distancia para insistir en que los empleados pasen más tiempo en la oficina. Parece que todos están de acuerdo en que recuperar cierta presencialidad es una gran idea.

Tom, el director financiero, dice: «Tenemos que asegurarnos de que todo el mundo es productivo con su tiempo y de que se cumplen los plazos, de que no se pierde el tiempo. Es más fácil hacerlo cuando todos están en la oficina».

Tania, la directora de operaciones, confirma: «Exacto, Tom. Además, ¿de qué sirve tener una oficina si nadie la utiliza?».

Nadie dice nada en contra de la idea. No hay disensión, al menos en apariencia.

Las pausas para la franqueza son la mejor manera, y la más rápida, de descubrir, en tiempo real, lo que no se acaba de decir. Es el antídoto contra una forma de consenso perezoso y quizá incluso pasivo. Para ello, interrumpe periódicamente la reunión para preguntar al equipo: «¿Hay algo que no se está diciendo en esta sala que debería decirse?». Pide une pausa para hablar con franqueza. Pide a los miembros del equipo que se giren hacia quien tienen a su lado y respondan a esta pregunta, o que vayan a una sala de descanso virtual, en el caso de que el encuentro sea de este tipo. Abre un documento compartido en la nube en cada grupo de debate para reflejar los pensamientos y las ideas en tiempo real. A continuación, comparte con todo el grupo lo que se haya indicado cuando regreses a la sala principal. Si quieres saber lo que no se dijo sobre una política de regreso a la oficina, como en este caso —lo que una pausa de franqueza podría haber sacado a la superficie—, sigue leyendo y encontrarás las respuestas en el capítulo 6.

Práctica de trabajo en equipo. Reuniones atípicas

Las reuniones del equipo de Bill Connors se programan para una hora a la semana y siempre tienen el mismo orden del día, a fin de mantener al equipo centrado en lo que importa en la empresa. En el caso de Connors, el orden del día se organiza en torno a las prioridades organizativas de Xfinity, que se representan con el acrónimo CENTER (por sus siglas en inglés):

- Crecimiento de clientes (*customer growth*).
- EBITDA.
- Puntuación neta de los promotores (*net promoter scores*).
- Ingresos brutos (*top-line revenue*).
- Compromiso de los empleados (*employee engagement*).
- Rendimiento del capital (*return on capital*).

De uno en uno, se pide a los miembros del equipo que señalen los problemas que no son los habituales en cada una de estas áreas y que estén preparados para debatirlos con franqueza. Si hay un problema operativo que no se va a resolver esta semana, se mantiene en el orden del día hasta que se resuelve. «Esta hora ayuda a elevar el diálogo y a reducir movimientos inútiles», reconoce Connors.

Práctica de trabajo en equipo. Yoda en la sala

Otra práctica se inspira en Yoda, el sabio maestro jedi de las películas de *La guerra de las galaxias*, personaje que representa la sabiduría, la verdad y la perspicacia supremas: todas las respuestas que necesitamos en una sola entidad. Creo que la sabiduría de Yoda está en todos los equipos, pero no en cada uno de nosotros por separado. Solo extrayendo de cada uno su punto de vista podemos lograr las mejores respuestas, las más audaces. El problema es que la mayoría de la gente no reúne el valor que necesita para hablar. Así que vamos a hacer de Yoda la «palabra clave» para los negocios. Con el tiempo queremos que cada miembro del equipo sea un Yoda activo. Pero, para empezar, puedes nombrar a unos cuantos Yodas en cualquier reunión o grupo de conversación, lo que resulta muy útil en situaciones potencialmente difíciles o inestables. Al dar permiso explícito a los Yodas para que levanten la mano, convoquen un «momento Yoda» y digan las cosas difíciles o actúen como árbitros entre perspectivas enfrentadas, se está dando seguridad a los demás para que hagan lo mismo. Dedicar tiempo a introducir el concepto de Yoda y a seleccionar a algunos Yodas para que desempeñen ese papel contribuye en gran medida a rebajar la tensión en las conversaciones difíciles antes de que se obstaculice el proceso y, en última instancia, la situación acabe afectando a los resultados de la empresa.

Para poner a prueba esta práctica, pide a uno o varios voluntarios que sean los Yodas de la sesión. Cuando los elijas, recuerda que no tienen por qué ser los más veteranos de la sala. Deben ser personas conocidas por su buen juicio y su imparcialidad.

Si no estás seguro de que tu equipo o los asistentes a la reunión estén dispuestos a nombrar a un Yoda, eso puede indicar una falta de franqueza o seguridad en el grupo, lo que significaría que os vendría bien tener uno.

En la próxima reunión que celebres, dedica unos cinco minutos a presentar el concepto de Yoda. Habla sobre cómo el hecho de tener un Yoda puede beneficiar a la dinámica y los resultados del equipo.

Así es como podría desarrollarse un momento Yoda:

Sucede en ese momento en el que Suki, Sally o Julio levantan la mano y dicen «Momento Yoda», a lo que el líder responde: «Adelante».

Pongamos por caso que Suki dice: «Bueno, parece que le hemos dado demasiadas vueltas a este tema y no hemos llegado a zanjarlo. ¿Realmente estamos llegando a alguna parte o quizá estamos evitando abordar el verdadero problema que tenemos entre manos, que es...?».

O, por ejemplo, Sally señala tan solo lo que suele ocurrir en las reuniones: «Parece que la conversación se ha desviado del tema, nos estamos yendo por las ramas y quizá sería mejor que se tratara aparte. ¿Os parece que volvamos al orden del día?».

O Julio dice: «Puede que me equivoque, pero estamos hablando de la división de Pierre y ya hace un buen rato que no se le oye decir nada. Pierre, ¿en qué estás pensando?».

Con esto ya te haces una idea. La palabra Yoda otorga a cada miembro de la reunión la responsabilidad hacia el éxito y una mayor transparencia en el debate. Con demasiada frecuencia asistimos a diálogos que fracasan y no creemos que sea nuestro papel o responsabilidad señalarlo. En un equipo de coelevación, es trabajo de todos garantizar el éxito de la reunión, y si hay algo que puedas decir para llegar antes a un resultado mejor, es tu responsabilidad hacerlo.

Un momento Yoda es una invitación a decir lo que hay que decir. A decir lo que estás pensando, pero que normalmente te guardarías para ti mismo, o a enviar un mensaje directo en un chat o a compartirlo mientras caminas por el pasillo después de que haya terminado la reunión.

Práctica de trabajo en equipo. Contratar franqueza

El inversor, empresario y autor de *Principios*, Ray Dalio, es famoso por su creencia en la honestidad y la transparencia radicales en la empresa de gestión de activos Bridgewater Associates, que dirigió durante casi cincuenta años, hasta 2022, haciendo crecer la empresa desde el apartamento de dos dormitorios donde vivía en 1975 hasta convertirse en una firma de 120.000 millones de dólares. Hablamos con Dalio en Davos sobre la puesta en práctica de sus principios. En su opinión, es más fácil hacerlo cuando se contrata a personas con experiencia que se sienten cómodas con esa franqueza, ya que a la mayoría de las empresas les cuesta mucho hacer este cambio con sus empleados. Dalio dice que hay que poner todas las cartas sobre la mesa durante las entrevistas y dar a los candidatos una idea de primera mano de la cultura de la franqueza. Aboga por ser sincero con los candidatos sobre los retos a los que se enfrenta la organización. No aboga por vender el puesto, sino por ser honesto sobre lo duro que va a ser el trabajo. «Muestra a los candidatos la situación real, especialmente lo malo. También los principios en acción, incluidos los aspectos más difíciles. De este modo, pondrás a prueba su disposición a soportar los retos reales», dice Dalio.[1] Cuando los directivos se queden con el candidato final, también deben ser sinceros sobre cualquier reserva que tengan sobre las cualificaciones de esa persona y calibrar la reacción del candidato a los comentarios. Si ves lagunas o dificultades en un posible candidato, señálalas y pídele que exprese sus inquietudes sobre el puesto y la empresa. De este modo, antes de realizar la contratación, podrás comprobar si el candidato es sincero y transparente en tiempo real.

El *feedback* es como un regalo

El mayor desafío a la hora de introducir una cultura de retos entre iguales es que, con la excepción de algunos equipos deportivos en los vestuarios durante el descanso, nunca tenemos la experiencia de dar o recibir *feedback* de forma fluida por parte de los compañeros. Desde que éramos niños, la información provenía de las figuras de autoridad y se esperaba que hiciéramos algo con ella. Que hiciéramos lo que nos decían nuestros padres, nuestros profesores, nuestros entrenadores o nuestros jefes. Pero el *feedback* de nuestros iguales es diferente. No viene con un contrato de responsabilidad que nos obligue a ejecutarlo. No son más que datos, por lo que es nuestra responsabilidad recopilarlos con valentía, analizarlos y hacer con ellos lo que consideremos oportuno. Por supuesto, si con el tiempo alguien con autoridad se da cuenta de nuestra incapacidad para aceptar esa retroalimentación, puede intervenir, pero el *feedback* es un regalo y el receptor tiene derecho a hacer con esa información lo que desee. La clave de nuestro éxito es hacer una recogida y un análisis transparentes y completos. El contrato social de franqueza por parte de los compañeros es algo a lo que tenemos que acostumbrarnos a la hora de dar y recibir, y las pruebas de esfuerzo periódicas son el entrenamiento activo que nos damos unos a otros para adoptar la nueva cultura del desafío.

La franqueza como paso hacia relaciones más profundas

Comprender que la franqueza y los comentarios sinceros son como un regalo forma parte del viaje del equipo hacia la coelevación. Forma parte del compromiso de un equipo de primera categoría prestarse servicio mutuamente y preocuparse por los demás para querer llegar juntos más alto. Es un paso hacia relaciones más profundas y con un propósito más claro, como veremos en el próximo capítulo.

4

De las relaciones fortuitas a la creación intencionada de vínculos de equipo

Regla:
Estamos verdaderamente comprometidos unos con otros.

Pedro Carrilho y su socio Juan Martín se enfrentaban al típico problema de los emprendedores. Eran inteligentes, estaban centrados y tenían una visión clara de su empresa tecnológica, PhoenixDX, un negocio de soluciones de código bajo con sede en Sídney (Australia). Con su dirección, la empresa había crecido rápidamente. Pero el compromiso directo de los fundadores solo puede llevar a una empresa emergente hasta cierto punto; no había forma de que pudieran crecer si la colaboración tan eficaz que habían creado en la cúspide no llegaba a toda la empresa. Como fundadores, se preocupaban mucho el uno del otro y prácticamente se leían el pensamiento; sin embargo, cuando miraban al nivel inferior, no veían el mismo vínculo estrecho que había surgido de manera tan natural entre ellos. En su lugar, veían una empresa que crecía en silos funcionales y con escasa comprensión mutua, con gente trabajando duro en su parte del proceso, pero sin preocuparse demasiado por lo que hacían los demás y con muy poca confianza entre los equipos. Sabían que necesitaban ayuda. «No queríamos una empresa llena de empleados condescendientes. Necesitábamos gente que nos desafiara a nosotros y a los demás, como hicimos nosotros en calidad de fundadores». Carrilho y Martin creían de todo corazón en la coelevación; solamente necesitaban una forma de empezar a darle vida en sus equipos.

Como cualquier negocio que implique asesoramiento en torno a soluciones de diseño personalizadas, es necesario que los departamentos de ventas, gestión de proyectos e ingeniería (en este caso, los desarrolladores, que trabajaban a distancia en distintos países de Asia-Pacífico) trabajen como un solo equipo centrado en el cliente. «Pero nos veíamos unos a otros como simples nombres en una pantalla —recuerda uno de los miembros del equipo—. Trabajo con esta persona de vez en cuando. Apenas trabajo con esta otra. Apenas éramos un equipo que se conociera, y mucho menos que se preocupara por el conjunto». Debido a esta falta de sintonía, Martin y Carrilho trabajaban duro, tratando de cerrar las brechas en la experiencia del cliente e interviniendo en proyectos abiertos, en lugar de dedicar su tiempo a la estrategia y las iniciativas para hacer crecer el negocio. «Necesitábamos profundizar en las relaciones donde antes solo había encuentros precisos». El equipo que estaba por debajo de los fundadores necesitaba preocuparse lo suficiente por los demás como para no dejar que fracasaran. Tenían que invertir en crear empatía y confianza personal. El reto consistía en transformar PhoenixDX en seis meses.

Las relaciones y la confianza son los cimientos de la transformación

Solo el 41 % de los miembros de un equipo cree que existen relaciones de afecto, confianza y apoyo con sus compañeros. El 58 % de los empleados afirma que confía más en extraños que en sus propios compañeros de trabajo. Construir relaciones entre los miembros de un equipo sobre la base del compromiso y la empatía es fundamental para crear un entorno de entrega y afecto como para estar en condiciones de desafiar. A menudo, en los equipos hay focos de desconfianza entre compañeros que, si no se controlan, pueden convertirse en profundos resentimientos que acaban erosionando el valor para los accionistas. Sin embargo, con demasiada frecuencia, el equipo se queda sentado, aparentemente impotente, soportando unos resultados, un comportamiento y un rendimiento deficientes. ¿Eres consciente de alguna ruptura de las relaciones personales en tu equipo que esté frenando el rendimiento de la empresa?

Tradicionalmente, la creación de vínculos se producía cuando alguien caminaba por el pasillo y se topaba con otra persona yendo a la fuente de agua. Era algo natural. Por eso oímos a los líderes decir que quieren que la gente vuelva a la oficina; quieren que se produzcan ese tipo de relaciones. Pero el problema de esta forma tradicional de crear relaciones, que podríamos llamar creación de vínculos por casualidad, es que ocurre precisamente por casualidad. Es exactamente el tipo de creación de vínculos que hoy en día no nos sirve. Estuvo bien en la era analógica, pero no es lo bastante eficaz hoy en día. No tenemos tiempo para confiar en el puro azar cuando los equipos globales, de los que se espera que realicen tareas audaces con rapidez, se reúnen y remodelan constantemente, a menudo sin una historia en común y con las plataformas en línea como principal forma de contacto y trabajo. La creación de vínculos por casualidad ya no es suficiente. En su lugar, necesitamos líderes como Drew Houston, CEO de Dropbox, que se dedican de lleno a la cultura corporativa, construyéndola a propósito y no dejando que la interconexión de los equipos se dé por sentada. Como veremos en el próximo capítulo, Houston transformó Dropbox en una empresa que pasó de diez espacios físicos a treinta «barrios globales», donde, en lugar de una oficina, tenía pequeños espacios de colaboración orientados a una conexión significativa en persona. Cuando los empleados de Dropbox se reúnen en un mismo lugar, lo hacen para profundizar en sus relaciones. Pero nuestra investigación muestra que los líderes como Drew, que se inclinan por mejorar los comportamientos de sus equipos, son la excepción. Prueba de ello es que solo el 49% de los miembros del equipo respeta y valora lo que aportan sus compañeros. Sin un compromiso básico subyacente de respeto profesional, no es de extrañar que veamos lagunas significativas en casi todos los equipos en determinados comportamientos profesionales, como la franqueza. Las relaciones son la base de toda interacción productiva. ¿Por qué? Por la confianza.

Confianza personal, profesional y estructural

La confianza puede ser de tres tipos: profesional, estructural y personal. La forma en que esto cobra vida para mí se puede resumir en una interacción de la que fui testigo cuando era joven. Mi primer trabajo nada más salir de la universidad fue en una fábrica de Wilmington (Delaware). Un día, el líder del sindicato entró en la oficina para hablar con el nuevo director de la planta. Le dijo: «Oye, Joe, he investigado y parece que eres un buen tipo. He llamado a un montón de plantas que has dirigido y me alegro de tenerte aquí. Pero me gustaría ir a tomar algo contigo». Reconocí cómo el líder sindical empezaba reconociendo que respetaba y confiaba en el nuevo director de planta desde el punto de vista profesional, basándose en su reputación de haber hecho un buen trabajo. Pero, más allá de esa confianza profesional, el líder sindical reconocía que necesitaban desarrollar una relación personal y ser capaces de hablar cuando sus representantes no quisieran. Se refería a la necesidad de desarrollar una confianza más cercana, esa en la que puedes mirar a alguien a los ojos y creerlo de verdad, conocer sus valores, saber que es honesto, que es íntegro y que se preocupa por los demás. Cuando el líder sindical abandonó la sala, se volvió y dijo: «Todo eso está muy bien, pero aun así es probable que os haga la vida imposible» y se rio. Esa última afirmación tenía que ver con la confianza estructural: aceptar que sus funciones exigen perspectivas diferentes, ya que el trabajo del líder sindical puede estar a veces reñido con el del jefe de planta. Hay muchas rupturas estructurales en las organizaciones: jefe y subordinado, funciones que pueden tener más poder que otras o, como en el caso del líder sindical y el jefe de planta, equipos cuyas prioridades pueden chocar a veces. Pero, al fin y al cabo, ese líder sindical llevaba toda la razón. Es la relación personal la que permite superar desacuerdos e impedimentos estructurales, y generar la confianza necesaria para trabajar en colaboración. Por ejemplo, un jefe de ingeniería y un jefe de *marketing* van a ver el mundo de forma diferente en términos profesionales. En consecuencia, tendrán que colaborar personalmente para encontrar puntos en común y hacer avanzar las cosas cuando surjan dificultades. Hay quien piensa que esto solo se hace de forma natural o accidental, pero no es así. En Ferrazzi Greenlight llevamos años restableciendo equipos que han estado rotos, que han guardado viejos rencores en su interior y, mediante un trabajo específico, hemos conseguido que se comprometan unos con otros.

La confianza es fundamental para el cambio. Como líderes y como equipos, debemos aceptarlo y reconocerlo. El uso repetido de las pruebas de esfuerzo y la práctica de trabajo en equipo que describimos en el capítulo anterior son una forma excelente de fomentar la confianza profesional porque, cuanto más franca sea la actitud de un equipo y más tiempo dedique a indagar en lo que piensan los demás, más crecerá el respeto mutuo y dejarán de descartarse unos a otros por creencias aparentemente diferentes. Pensamientos como «bueno, seguro que actúan así porque recibieron una formación diferente y experimentaron otras cosas» conducen con demasiada frecuencia a la ruptura de la confianza y a la falta de respeto, cuando en realidad *deberían* conducir a la curiosidad. Si en una reunión un amigo dice algo con lo que no estás de acuerdo, puedes decirle: «Oye, ¿de qué estás hablando?». El respeto se presupone porque sois amigos. Pero si en una reunión alguien a quien no conoces dice algo con lo que no estás de acuerdo, puedes quedarte callado, pensando que no sabe lo que está diciendo. Es la relación personal y el nuevo contrato social lo que nos permite profundizar para llegar a la verdad. Tenemos que construir esa relación y negociar el contrato social.

En mis libros anteriores, *Nunca comas solo* y *Leading Without Authority*, hablé de la confianza, la importancia de la generosidad y la idea de servir, compartir y cuidar. Ahora quiero hablar de ello en el contexto del trabajo en equipo. Empecemos por la de servir. En el segundo capítulo hablamos del compromiso con el servicio (coelevación) como punto de referencia para un equipo de alto rendimiento: el compromiso de elevar a los demás, de servirse mutuamente como equipo. Mi amigo y psicólogo organizacional Adam Grant leyó *Nunca comas solo* cuando era estudiante de posgrado. En él hablo de lo fundamental que es en una red liderar con generosidad, y Adam ha realizado una investigación extraordinaria que demuestra que, para llegar más alto en este mundo, la forma más rápida de acelerar tu propio éxito es ser generoso con los demás. ¿Cómo puedes entender los objetivos profesionales de otra persona y ayudarla a alcanzarlos?, ¿cómo puedes simplemente escuchar y estar ahí como su *coach*? (Hablaremos más de esto en el capítulo 10). Lo mismo ocurre entre los miembros de los equipos. Los miembros de un equipo deben conocer sus obligaciones sociales y saber *cómo servirse mutuamente*.

También tenemos que empezar a centrarnos en compartir con los demás. Al compartir nos acercamos a la faceta más humana de los demás. Puede que yo no sea exactamente como tú, pero si me pongo en tu lugar a través del intercambio y una narración compartida, logro empatizar contigo y empezar a entender tu perspectiva.

El último elemento es la atención. La atención es una elección que la gente puede hacer. Cuando sé que te importo, escucho tus ideas. Una vez que sé que te importo y que me ves como a un individuo, no tendré problema alguno en luchar a través de colaboraciones y desacuerdos arduos.

Es muy importante que hagamos saber a nuestro equipo que, para que todo esto funcione, quienes lo conforman tienen que generar un mayor grado de compromiso entre ellos y que *son responsables de ello*. Si todos dicen que van a preocuparse más por los demás, eso significa que también van a hacer más preguntas y mostrar más curiosidad.

Prácticas de trabajo en equipo

Una vez completado el diagnóstico y establecida la regla, tres prácticas de trabajo en equipo apoyan el cambio para pasar de relaciones fortuitas a crear vínculos, incluida una de las prácticas más poderosas que hemos enseñado a realizar a equipos de todo el mundo, la «comprobación profesional y personal».

1. **Momento agridulce**. Se recomienda hacer una comprobación de cinco minutos al principio de las reuniones para pedir a los miembros del equipo que compartan algo que les va bien y algo que les supone un reto en la vida en este momento.
2. **Comprobación profesional y personal**. Esta profunda comprobación puede forjar vínculos instantáneos entre desconocidos cualesquiera, pero para los equipos suele ser el punto de inflexión de cara a crear confianza entre compañeros.
3. **Cena de intimidad**. Es más que recomendable organizar una cena trimestral para abordar lo que nos ha convertido en lo que somos.

Diagnóstico de relaciones

Primer paso. Debate en equipo sobre las relaciones que tenemos
Como hice con el equipo de iHeart en el capítulo anterior, alguien del equipo que se considere de confianza e imparcial debe facilitar este ejercicio de diagnóstico para que, cada vez, abra el debate sobre este asunto. Idealmente, el equipo vendrá preparado para debatir los ejemplos relativos a nuestros comportamientos actuales y según el contrato social que hayamos establecido. ¿Tenemos el tipo de relaciones de servicio, a la hora de compartir y prestar atención, que encontramos en los mejores equipos enfocados en la coelevación? Veinte años de datos de diagnóstico muestran que la puntuación media de las relaciones entre los miembros de los equipos es de 2,8 en una escala de 5 puntos.

Esta cifra descendió a 2,3 durante la pandemia, salvo en el caso de los equipos que se habían esforzado por crear vínculos positivos. Los mejores equipos obtienen una puntuación de 4,7. Pero ¿por qué son tan bajas las puntuaciones de los equipos cuando, a fin de cuentas, se trata de respetarse y valorarse mutuamente, o de establecer relaciones con cierto grado de compromiso? La mayoría de las relaciones de equipo se basan más en la casualidad que en el propósito. Eso fue lo que descubrimos cuando pusimos en marcha nuestro ejercicio de diagnóstico en PhoenixDX. Los equipos interfuncionales obtuvieron una puntuación de 2,4 en una escala de 5 puntos en lo relativo a las relaciones. Necesitaban adoptar prácticas de trabajo en equipo.

Segundo paso. Preguntas de diagnóstico
Todos los miembros del equipo puntúan de 1 a 5 las siguientes afirmaciones (1: Totalmente en desacuerdo; 2: En desacuerdo; 3: Ni en desacuerdo ni de acuerdo; 4: De acuerdo; 5: Totalmente de acuerdo):

- Todos los miembros del equipo respetan y valoran lo que aportan los demás.
- Todos los miembros del equipo han establecido relaciones de afecto, confianza y apoyo con los demás miembros de este equipo, sin excepción.
- Todos los miembros del equipo profundizan y mejoran de manera proactiva sus relaciones con la red de personas fundamentales para el éxito, y convierten a los socios más importantes para el equipo en verdaderos defensores.

El diagnóstico lo debe administrar un miembro del equipo que se considere imparcial y de confianza, ya que la puntuación es anónima y no se atribuirá a personas concretas. Puedes utilizar una herramienta de encuesta en línea.

Regla y hábitos

La regla para las relaciones con propósito entre los miembros de un equipo es la siguiente: «Estamos verdaderamente comprometidos los unos con los otros». Tratar de lograr este cambio concreto en el plazo de un mes a partir de la puesta en marcha de las siguientes prácticas de trabajo en equipo y, a partir de entonces, hacerlo con regularidad, es una oportunidad de mantener un espacio para hablar de dónde pueden haberse descarrilado las cosas, comprobar que se cumplen los nuevos compromisos en lo relativo al comportamiento y que se aplican las prácticas de trabajo en equipo.

Práctica de trabajo en equipo. Momento agridulce

La empatía es lo que construye relaciones. Es la puerta de entrada. ¿Y cuál es la clave para abrirla? Compartir la vulnerabilidad. Ya no se trata de Dwane de ventas o Sasha de *marketing*. Ahora son personas que tienen alegrías, celebraciones, luchas, retos, miedos, todas las cosas que nos hacen humanos. Tenemos que recurrir a la vulnerabilidad de forma práctica y deliberada. Tómate cinco minutos al principio de una reunión y da paso a lo que yo llamo «un momento agridulce». Todo el mundo, de forma muy sencilla, comparte lo más dulce que le está pasando en su vida en este momento y lo que no lo está siendo tanto. Lo dulce puede ser que a tu hijo le vaya muy bien en el fútbol o que por fin se haya puesto en marcha el proyecto del nuevo sistema de recursos humanos después de tantos meses. Lo contrario puede ser que tu madre esté pasando por un mal momento y te preocupes por ella, o que está sola y lejos de ti. O que te sientes frustrado porque los retrasos en el presupuesto están paralizando tu proyecto y pueden poner en peligro los resultados.

Si se empieza por lo dulce, suele ser más fácil y se evita que el equipo se sienta menos cómodo al mostrar vulnerabilidad. La parte agria no suele serlo tanto después de compartir lo dulce; la gente tiende a compartir algo no necesariamente demasiado personal. Y eso está bien para ese momento y entorno. Se puede conceder alrededor de un minuto a cada persona para hablar, así que no tiene por qué extenderse mucho.

Práctica de trabajo en equipo. Comprobación profesional y personal

La comprobación profesional y personal (CPP) es una de las acciones más poderosas que hemos enseñado a poner en marcha a equipos de todo el mundo. La utilizo incluso como punto de partida en cenas profesionales con ejecutivos que se encuentran entre un grupo de desconocidos. Mientras que el momento agridulce es de un minuto por persona, una CPP puede llevar un par de minutos por persona o más, dependiendo de la preferencia y el entorno (por ejemplo, durante una cena de equipo frente a una reunión semanal).

Hacer una CPP es sencillo a través de preguntas como estas: «¿Qué te pasa realmente? ¿En qué estás luchando, personal y profesionalmente?». Dado que ambas preguntas pretenden revelar dificultades, puede suscitar respuestas más profundas, y a menudo lo hace. La clave, por supuesto, es quién abre la práctica. Si es el líder, asegúrate de haber practicado y de estar abriendo el camino para que el grupo comparta su yo más auténtico y vulnerable. Tal vez tus padres ya sean ancianos. O podría tratarse de problemas de salud de alguien cercano, o de hijos con dificultades. A menudo hablo de mis hijos de acogida. El más joven llegó a mi casa a los doce años. Antes de llegar a nuestro hogar, había estado en más de una docena de hogares. Había sufrido un vida dura y ciertos hábitos estaban muy arraigados. A lo largo del camino, hemos pasado por momentos realmente complicados: conseguir que aprecie que estamos ahí para él como una familia mientras sentía miedo y no quería aceptar que lo que le había hecho daño formaba parte del pasado. Hay tantas cosas que podemos compartir en una CPP... Lo importante es que la persona que vaya primero abra el camino de manera adecuada. Si no te sientes capaz de compartir abiertamente y mostrar vulnerabilidad, puedes pedir a alguien del equipo en quien creas que lo haga primero.

Hemos visto que esta práctica es el punto de inflexión para transformar la confianza en el equipo. Recuerdo el caso de Joseph, el jefe de recaudación de fondos de una importante ONG a la que estábamos ayudando. Era un sabelotodo, muchos miembros del equipo no lo apreciaban y algunos desconfiaban de él. Hacía las cosas a su manera, pero conseguía resultados. Durante una CPP, compartió, mostrándose de forma muy vulnerable y abierta, algunos problemas de salud que estaba padeciendo su mujer. Sus reflexiones fueron sinceras y muy crudas. El equipo sintió empatía y eso cambió su perspectiva, y empezó a perdonar más a menudo su estilo peculiar. De hecho, el jefe de *marketing*, que estaba especialmente resentido con él, acabó no solo profundizando en su relación desde un punto de vista profesional, sino que lo puso en contacto con algunos profesionales médicos que, en última instancia, fueron fundamentales para la recuperación de la mujer de Joseph.

Práctica de equipo. Cena de intimidad

«¿Qué experiencia de tu pasado ha contribuido más a lo que eres hoy?».

Esta pregunta, compartida abiertamente entre un equipo, invita a compartir los momentos decisivos de nuestra vida y, de nuevo, si te toca dirigir el ejercicio, por favor, hazlo mostrando algo de vulnerabilidad. En algunos foros cuento la historia que he relatado en mis libros: crecí como un niño pobre con un padre obrero metalúrgico en paro y una madre empleada de la limpieza y, sin embargo, fui a muy buenas escuelas porque mi padre había conseguido que me admitieran hablando con el director de la escuela y consiguiendo que me becaran. Es una historia sobre mi sentimiento de vergüenza y cómo, aunque me infundió empuje, fue duro para mi relación con mis padres, ya que no estábamos preparados para afrontar emociones difíciles y la vergüenza que suponía la situación. Ante determinados equipos, podría profundizar un poco más y hablar sobre el hecho de haber crecido siendo cristiano (aún lo soy), darme cuenta de que era gay y lidiar con la vergüenza de ocultarlo a mi familia y a mi entorno por miedo al rechazo; sobre cómo me hizo sentir esa experiencia y, de nuevo, cómo me impulsó a esforzarme constantemente y a buscar lugares a los que sintiera que pertenecía.

La cena de intimidad es exactamente lo que parece. Una vez al trimestre, se invita al equipo y, durante la cena, sus miembros tratan de conocerse más profundamente a través de la narración y el intercambio de historias. Se ha de hacer a turnos. Pide que los dos primeros sean voluntarios para asegurarte de que los que estén preparados lo hagan primero y, a partir de ahí, que vayan rotando. Solo se necesita una pregunta por cena. He aquí algunas preguntas que funcionan bien:

1. ¿Qué experiencia de vuestro pasado ha contribuido más a lo que sois hoy?
2. ¿Qué podéis hacer para liberaros y dejar espacio para llegar más alto?
3. ¿Cuál es el mayor error que habéis cometido personal o profesionalmente, y qué lección habéis aprendido de él?
4. ¿Hay algo a lo que todavía os aferráis y que necesitáis soltar?
5. ¿Hay alguien en vuestra vida a quien os gustaría ayudar?
6. ¿Cuál es la lección más dura que habéis aprendido?
7. ¿Qué teméis no poder lograr en la vida?
8. ¿Qué queréis saber de mí, como líder del equipo?
9. ¿Qué legado os gustaría dejar personal y profesionalmente?

Consejos para que la cena vaya bien: procura que sea en un salón privado y con el silencio necesario. Asegúrate de que todos pueden verse y oírse. Opta por todo aquello que cree un espacio físico y emocional más cercano: las sillas no deben estar demasiado lejos unas de otras; opta por sillas sin brazos y mesas que no tengan grandes centros de mesa que impidan verse fácilmente. Tu propósito es que sea muy íntimo. Habla con los camareros y pídeles que entren poco y, cuando lo hagan, di a los comensales que pueden esperar a que se vayan para seguir hablando. No te asustes si la gente derrama alguna lágrima, o incluso si lo haces tú.

Las cenas de intimidad son un momento para el compromiso real entre iguales y la comprensión profunda, no solo sobre acontecimientos actuales, sino también de las experiencias que nos han llevado hasta donde estamos y que nos impulsan hacia donde nos dirigimos.

El fénix se transforma

En seis meses, PhoenixDX se transformó. En el sector del desarrollo de *software*, es habitual que los ingenieros y los profesionales técnicos se sientan cómodos detrás de un ordenador. Pero el uso sistemático de prácticas de trabajo en equipo, como los momentos agridulces o de comprobación profesional y personal, ayudó al equipo a darse cuenta de que se trataba de un grupo de personas, no de cargos. Esto supuso una gran diferencia en la forma de verse los unos a los otros y de colaborar. Si la evaluación diagnóstica mostraba un 2,4 al comienzo de su andadura, ahora indica un 4,7 sobre 5 en cuanto a la unión del equipo. «Hay un ambiente increíble, un sentido muy sólido de la conexión y la lealtad dentro del equipo —reconoce Carrilho—. Hay un colectivismo en PhoenixDX de que estamos juntos en esto; ha surgido un sentido del valor de la propiedad compartida que se ha conseguido implementando en reuniones y proyectos las prácticas de trabajo en equipo como una nueva forma de conectar y trabajar». Los equipos de desarrollo y distribución de *software* ahora disfrutan con el reto de asumir juntos proyectos críticos con clientes y ven cada nuevo proyecto como un reto positivo para su desarrollo profesional. (Aprenderemos más sobre el desarrollo entre iguales en el capítulo 10). «Hay una mentalidad de crecimiento instalada en lo que se refiere a la consultoría y la entrega, aunque tenemos que adaptarnos a muchas industrias, muchos sectores verticales, muchos estilos de pensamiento diferentes desde la perspectiva del cliente y niveles de madurez del cliente con la tecnología —continúa Carrilho—. Hay que encontrar diferentes formas de trabajar con todos ellos. Alinear la entrega con los distintos clientes requiere flexibilidad, que es muy importante para nosotros». ¿Y qué lugar ocupa en todo esto la franqueza? La unión del equipo permitió conversaciones mucho más sinceras que no habrían tenido lugar de otro modo. Los desarrolladores se dieron cuenta de que la sinceridad es fundamental para garantizar el éxito de la empresa: no se trata de pisar a nadie, sino de decir la verdad para que el equipo pueda dar lo mejor de sí mismo.

Tras la adopción decidida de estas prácticas por parte de los equipos, el rápido crecimiento de PhoenixDX continúa. Pero la empresa también ha sido clasificada como uno de los «mejores lugares para trabajar» de Australia y registra una tasa anual de rotación de personal del 4% (frente al 20-25% de media del sector, donde la competencia por retener el talento es feroz). Sus fundadores, Carrilho y Martin, describen la cultura de la empresa como «propia de misioneros, no mercenarios», con la confianza como valor fundamental. Carrilho afirma: «Confiamos en que nuestra gente hará lo correcto: nosotros les cubrimos las espaldas y ellos las nuestras». Es la coelevación en acción y está arraigada en una decidida unión de equipo.

Crear un equipo para salir de una crisis

Gran parte de este libro trata sobre los retos a los que se aspira, sobre cómo afrontar el reto de la transformación y el crecimiento. Pero hay ocasiones en que las organizaciones se enfrentan a crisis terribles por sus consecuencias humanas y que plantean cuestiones fundamentales sobre el trabajo en equipo. Un ejemplo es el caso de Pacific Gas & Electric (PG&E). ¿Cómo se reconstruye un equipo tras un catastrófico fallo organizativo que provocó la devastación absoluta de una comunidad y la muerte de ochenta y cinco personas en el incendio de Camp Fire, que arrasó la ciudad de Paradise, en el norte de California?[1] El incendio lo había provocado una línea de transmisión de alta tensión de PG&E que se desprendió de una torre de casi cien años de antigüedad en una zona boscosa. La empresa se declaró culpable de ochenta y cuatro delitos graves de homicidio involuntario y llegó a un acuerdo de 13.500 millones de dólares con las víctimas y sus familias, los organismos estatales y locales, y las compañías de seguros, y se declaró en quiebra en 2019 (de la que salió al año siguiente). La experimentada líder del sector energético Patti Poppe fue nombrada nueva consejera delegada en 2021, con la audaz promesa de soterrar 16.000 km de líneas eléctricas para reducir el riesgo de incendios forestales. Pero Poppe traía también un audaz espíritu interno: «liderar con amor», es decir, situar la humanidad, la empatía y las relaciones en el centro de la cultura operativa de PG&E. En su primera semana, el equipo directivo se reunió por primera vez en el Hotel Claremont de Oakland. Participaron en un ejercicio en el que cada uno traza su vida como un río y va añadiendo los acontecimientos clave de su vida. «Todos participaron y se desahogaron porque acabábamos de conocernos —afirma Poppe—. Estábamos a punto de asumir el enorme reto de darle la vuelta a esta empresa devastada y convertirla en algo asombroso. Hubo lágrimas mientras la gente contaba sus historias y nos metimos en el corazón de los demás al instante». Solo tres miembros del equipo habían trabajado en PG&E durante la tragedia del incendio. «Nos contaron sus historias. Tenían que ayudarnos a entender por lo que había pasado la organización. Y cada uno contó su historia, cómo habían estado en Paradise y escuchado las cintas del número de emergencias y por qué seguían en esta empresa, comprometidos a quedarse para hacer las cosas bien desde dentro».

Empezar con este ejercicio centrado en la vinculación ayudó a unir al equipo para la tarea que tenía por delante y creó una empatía compartida por los compañeros. Pero no fue el único ejercicio. El compromiso con las relaciones de equipo y «liderar con amor» se ha puesto en práctica en PG&E a través de la medición periódica de la «afinidad de equipo». Poppe afirma: «Sabemos que la afinidad, o el cuidado mutuo, es esencial para obtener resultados extraordinarios. Crea un entorno en el que las personas se sienten queridas, cuidadas y seguras para actuar, probar, fracasar, ganar y triunfar juntas. Parte de la creación de afinidad consiste en comprender al ser humano en su totalidad y que las cosas que ocurren fuera del trabajo realmente importan». El equipo directivo de Poppe dedica dos jueves al mes a reuniones sobre afinidad y relaciones. «Es cuando podemos profundizar —dice Poppe—. Formar esos lazos y dar a la gente espacio para hablar de lo que les pasa en la vida. ¿Dónde nos necesitan? ¿Cómo les va? ¿Qué han conseguido?».

De la vinculación intencionada a la obtención de resultados

Desde que se formó el nuevo equipo, la inversión de PG&E en tecnologías y herramientas para reducir el riesgo de incendios ha superado los 23.000 millones de dólares. Esto incluye cámaras y drones dotados de IA para supervisar los equipos y nuevos sistemas de control de riesgos. En 2023 ya se habían tendido seiscientos kilómetros de cables subterráneos. Para Poppe, es la historia de cómo una organización puede pasar de la devastación a la renovación. El futuro puede ser algo distinto del pasado. Poppe dice: «Se trata realmente de crear fe y un equipo de personas que crean que no tenemos por qué ser lo que éramos, que podemos convertirnos en otra cosa completamente distinta». Es una historia de unión intencionada, pero también nos invita a considerar el tema de nuestro próximo capítulo, la resiliencia del equipo.

5

De la resiliencia individual a la de equipo

Regla:

Nos ayudamos a levantarnos unos a otros.

Existe un «ingrediente mágico» para la resiliencia en equipo, afirma Fran Katsoudas, vicepresidente ejecutivo y director de personal, política y propósito de Cisco. Se trata de que todo el mundo comprenda los altibajos de cada uno, el paso de la resiliencia como carga propia a una especie de deporte de equipo. Cuando me puse al día con Katsoudas y Chuck Robbins, CEO de Cisco, y les pregunté cómo la empresa había desarrollado la resiliencia en equipo, me describieron una serie de formas de trabajar juntos con un propósito. Para el equipo de Cisco, empieza por una llamada a una mayor conciencia como grupo, impulsando a los miembros a que lean las señales de advertencia obvias de algún compañero que esté en apuros: por ejemplo, si alguien apaga constantemente el vídeo en las llamadas o si disminuyen notablemente sus contribuciones al debate. También hay prácticas formales que fomentan una mayor preocupación por el bienestar de los demás como un hábito permanente del equipo (las analizaremos en las prácticas de trabajo en equipo que se analizan en este capítulo). Pero todo lo descrito por Katsoudas y Robbins comparte algo: la resiliencia consiste en la capacidad de un equipo para mantener la energía que todos tenemos para el trabajo y el compromiso de apoyar el bienestar mental y emocional de los demás. Para conseguirlo, el equipo tiene que pasar de la típica idea de «Sé que todos tienen bastante sobre los hombros y no quiero añadirles más estrés» a la creencia de coelevación de «Somos dueños de ayudarnos a levantarnos los unos a los otros y sostenernos mutuamente en tiempos difíciles».

Cómo los miembros de un equipo de ventas de PharmaCo ayudó a levantarse mutuamente

Cuando se asentó el polvo levantado por la reestructuración, este equipo de ventas de más de cien personas, antes ganador y orgulloso, se redujo a poco más de una docena. A los restantes se les pidió que se hicieran cargo de territorios de ventas mucho más extensos, que abarcaban varios estados, y que cambiaran a un modelo de establecimiento de relaciones a distancia en lugar del cara a cara, que habían desarrollado a lo largo de los años y que les había permitido tener éxito y diferenciarse con los clientes. «Nos sentíamos abandonados. Era como si la empresa (la llamaremos PharmaCo) ya no invirtiera en el éxito de la organización de ventas —dice Mali, un miembro del equipo que se consideraba una estrella apenas un año antes—. Fue un cambio radical». El estrés era enorme, en parte porque todo parecía ser diez veces más difícil de lo previsto. ¿Qué era lo más difícil de todo? Gestionar las expectativas de los clientes, acostumbrados a un trato más personal. Por primera vez en la vida del equipo de ventas, no iban a conseguir el 5 % de crecimiento esperado.

«El planteamiento de la dirección anterior era del tipo: "Vale, ya habéis expresado vuestras quejas, ¿podemos ponernos manos a la obra y alcanzar los objetivos de ventas?" —reconoce Zara, que lideraba la división recién creada—. Sabía que no había forma de que este equipo volviera a funcionar hasta que escucháramos y sanáramos, y luego construyéramos una nueva cultura colectiva ganadora; una que hiciera que cada uno sintiera que se cubría las espaldas». Zara creó foros entre iguales para que el equipo abordara los problemas prácticos a los que se enfrentaban sus miembros. «No solo les hizo sentirse escuchados de forma productiva, sino que por fin pudimos empezar a alcanzar victorias que nos levantaron los ánimos», afirma Zara. Su objetivo era formar un equipo autosuficiente que pudiera pasar de una espiral negativa a un grupo responsable de la trayectoria positiva de los demás. Al principio, el papel de Zara en cada reunión se limitaba a animar al equipo a buscar soluciones a sus problemas, y a mantenerse con un espíritu constructivo y centrado en el futuro. Pronto, el equipo de comerciales se hizo cargo del orden del día. Determinaron los problemas prácticos para los que necesitaban ayuda: técnicos, logísticos y clases magistrales para poder gestionar mejor los nuevos clientes a distancia; para ello, creó una agenda de talleres de resolución de problemas. Pero el equipo no se limitó a prestarse apoyo profesional en los problemas comunes. Con un pequeño esfuerzo inicial por parte de Zara, el equipo se unió personalmente, utilizando las prácticas de trabajo en equipo descritas en el último capítulo, así como a través de declaraciones explícitas, como esta de Zara: «Si nos cubrimos las espaldas y cuidamos los unos de los otros, este cambio no solo puede tener éxito, sino que puede ser alegre». Y eso es exactamente lo que el equipo decidió hacer. Un miembro me dijo: «Hubo casos en los que compañeros de equipo tomaron la baja médica y, a pesar de la sobrecarga del resto, otros intervinieron para cubrir el trabajo pendiente, lo que fue emocionante para demostrar cómo todos podíamos dar un paso adelante por los demás. Nos costó asumir nuestras nuevas funciones, pero nos esforzamos por encontrar energía para los demás. Hubo miembros del equipo con hijos enfermos que necesitaron tiempo libre, y el equipo les ayudó. Encontramos formas de hacer aún más con mucho menos, y eso nos dio energía para conseguirlo». Lo que antes era apoyo en persona en la oficina se convirtió en llamadas telefónicas diarias, videollamadas y mensajes de texto, pero el equipo se aseguró de que nadie luchara solo. ¿Consiguieron su objetivo de ventas del 5%? Lo superaron: llegaron al 10%.

Entender la resiliencia de los equipos

El compromiso con la resiliencia del equipo es un rasgo poco común en el comportamiento de cualquier grupo. Antes de la pandemia del coronavirus, nuestros datos sugieren que solo el 14% de los miembros de un equipo sentían que tenían la responsabilidad colectiva de aumentar la energía de los demás y de velar por su bienestar mental. De hecho, la mayoría de los equipos siguen tratando la resiliencia como una responsabilidad individual. El estrés laboral afecta a la salud de más del 65% de los trabajadores hombres, según BetterUp, mientras que la presión relacionada con el trabajo afecta al 60%.[1] Con demasiada frecuencia, se ha considerado que estos problemas indican una falta de dureza de los trabajadores. Existen varias pistas de diagnóstico obvias para que los líderes identifiquen los factores que erosionan la resistencia de los equipos. Por ejemplo, en cuanto al rendimiento: ¿se están alcanzando los KPI o los OKR («objetivos y resultados clave»)? Hay pocos diagnósticos mejores para saber si algo va mal. Y respecto del ingenio: ¿está el equipo creando en conjunto soluciones o pierde el tiempo luchando por superar los problemas? La pandemia obligó a los directivos a reconsiderar la importancia de la salud mental para la productividad y otros resultados empresariales. E incluso después de que la crisis de salud física dejara de acaparar las noticias, las lecciones sobre la importancia del bienestar mental continúan. Ahora sabemos, por ejemplo, que cada dólar que los empresarios invierten en apoyar la salud mental les reporta 4 dólares: más productividad y menos absentismo.[2] Durante la pandemia, todos vimos cómo puede ser el escenario cuando los compañeros de equipo y los líderes comparten abiertamente sus luchas y su estado de salud mental. Nuestra búsqueda muestra que este es un buen ejemplo de cómo no debemos volver a los viejos esquemas mentales laborales. En lugar de ello, debemos aprovechar la humanidad colectiva que surgió en aquel momento —incluso cuando todos trabajaban a distancia— y seguir adoptando una mentalidad nueva, enfocada a propósito y según un compromiso más sustancial con una mayor transparencia, menos vergüenza y atención mutua. Los equipos de primera categoría saben cuál es la importancia de la resiliencia, mientras que muchas empresas luchan contra las políticas de trabajo flexibles y un creciente nivel de desconfianza. Tenemos que recuperar la resiliencia como disciplina de equipo y fomentarla. Y es tarea del equipo poner esto de manifiesto antes de que se convierta en un mal crónico. Es tarea del equipo animarse mutuamente.

Prácticas de trabajo en equipo

Tras completar el diagnóstico y establecer la regla, he aquí dos prácticas de trabajo en equipo que apoyan el cambio para pasar de la resiliencia individual a la del equipo:

1. **Comprobación de la energía**. Una comprobación rutinaria al comienzo de las reuniones de equipo para preguntar a los miembros del equipo cómo se sienten y poder evaluar.
2. **Control de la resiliencia**. Una inmersión profunda al mes para evaluar cómo se siente el equipo en su conjunto, analizando temas que, según los estudios, erosionan la resiliencia.

Diagnóstico de resiliencia del equipo

Primer paso. Debate en equipo sobre la resiliencia
¿Saben los compañeros de equipo en qué se esfuerzan los demás? ¿Sienten el deber que conlleva la coelevación, que implica no solo preocuparse lo suficiente por los demás y averiguar qué les ocurre, sino también sentir la responsabilidad de ayudar?

Se trata simplemente de preguntarse: «¿Lo sabes, te importa, actúas?». Para la mayoría de los equipos, la respuesta es no; sienten que no es su responsabilidad o tal vez creen que es un asunto privado en el que no deben inmiscuirse. Nuestros datos muestran que el equipo típico obtiene una puntuación de 1,9 en una escala de 5 puntos, mientras que un equipo de primera categoría obtiene una puntuación de 4,5. El punto de partida para la mayoría de los equipos es la vieja creencia de que la resiliencia depende de los individuos y quizá, en última instancia, de recursos humanos: el diagnóstico es el punto de partida para un debate sobre el cambio para abordar la resiliencia juntos como compañeros, para entender que puede y debe ser un deporte de equipo.

Segundo paso. Pregunta de diagnóstico

Todos los miembros del equipo han de puntuar de 1 a 5 la siguiente afirmación (1: Totalmente en desacuerdo; 2: En desacuerdo; 3: Ni en desacuerdo ni de acuerdo; 4: De acuerdo; 5: Totalmente de acuerdo):

- Todos los miembros del equipo se sienten responsables de aumentar la energía de los demás.

El diagnóstico lo debe administrar un miembro del equipo que se considere imparcial y de confianza, ya que la puntuación es anónima y no se atribuirá a personas concretas. Puedes utilizar una herramienta de evaluación en línea.

Regla y hábitos

La sencilla regla en lo que al comportamiento del equipo para la resiliencia del equipo es la siguiente: «Nos ayudamos a levantarnos unos a otros». Aspirar a que se instale esta práctica en concreto en el plazo de un mes desde la puesta en marcha de las prácticas de trabajo en equipo que se describen a continuación, y posteriormente mantenerla con regularidad, es una oportunidad para tener un espacio en el que hablar de cómo se han descarrilado las cosas, comprobar que se están cumpliendo los nuevos compromisos de comportamiento y que se están aplicando las prácticas de trabajo en equipo.

Práctica de trabajo en equipo. Comprobación de la energía

«Para ayudar a levantarnos los unos a los otros, debemos saber de dónde partimos», dice Katsoudas. Se puede hacer mediante una práctica sencilla pero eficaz llamada «comprobación de la energía». Hacemos esta pregunta a los equipos al comienzo de una reunión: «¿Cuál es tu nivel de energía actual en una escala de 0 a 5 y por qué crees que es así?» Cero significa «Estoy exhausto», y cinco, «Doy saltos y no me canso». Esta práctica crea un espacio formal y regular para que el equipo comparta abiertamente, y pudiendo mostrar vulnerabilidad, aquello con lo que pueda estar luchando profesional o personalmente; así también se evalúa mediante un número. Un «chequeo de energía» crea una red de seguridad intencionada, en lugar de dejar el control mutuo a encuentros fortuitos en los pasillos o la cafetería. Con esta rutina, el interés por los demás se convierte en un compromiso de todo el equipo, en lugar de depender de los grupos de amigos que ya puedan existir, que pueden o no tener este hábito de compartir. Esta práctica de trabajo en equipo, junto con la conciencia de que es nuestra responsabilidad ayudarnos unos a otros, y que se establece con el nuevo contrato, garantiza que todo el equipo desarrolle una empatía común y pueda apoyarse mutuamente, y también asegura la transparencia sobre en qué punto se encuentran sus miembros. Normalmente, el grupo tarda entre cinco y diez minutos en compartir de forma auténtica, lo que proporciona una red de seguridad para aquellos que han tenido problemas o incluso se han sentido amenazados. La combinación del nuevo contrato social —el acuerdo del equipo de cubrirse las espaldas mutuamente— con esta sencilla práctica mostrará un cambio real en las puntuaciones de empatía y relación del equipo con respecto al diagnóstico original. A medida que todos asumen la tarea de medirse mutuamente, comparten la responsabilidad de la energía y el bienestar de los demás, en lugar de dejarla en manos del líder.

Como explica Katsoudas, poner un número a lo que siente la gente tiene un valor añadido. Tomemos el ejemplo de uno de los miembros del equipo de Cisco, Tim. Tim nunca alcanza el cinco sobre cinco en la escala de energía. Todos los días vive en torno al tres sobre cinco. Parece una señal de alarma. «Saber que Tim suele tener un nivel de energía de tres sobre cinco le permite ser auténtico; no tiene que fingir que tiene que tener un nivel de cinco —reconoce Katsoudas—. Tengo un montón de gente que dirá que siente un cinco de energía. Pero si Tim alguna vez se siente en un cuatro, es algo que celebraremos». Lo que Katsoudas demuestra en Cisco es que se puede hacer un seguimiento significativo de los niveles de energía del equipo, algo que muchos líderes pensarían que es demasiado difícil de medir, por no hablar de gestionar. Registrar un simple control semanal de la energía permite conocer el bienestar del equipo a partir de un punto de referencia. Es un indicador de resiliencia. Y si ese control de energía se comparte en un foro abierto —en una reunión de equipo, por ejemplo—, es un estímulo para el apoyo entre iguales si alguien cae por debajo de su punto de referencia o una señal para las prácticas de celebración que veremos en el capítulo 8; es el caso, por ejemplo, de cuando Tim supera el tres.

Práctica de trabajo en equipo. Comprobación de la resiliencia
Me han inspirado muchas conversaciones con la doctora Gabriella Rosen Kellerman, directora de innovación de BetterUp y líder de BetterUp Labs, así como su investigación pionera, que aparece en el libro del que es coautora junto con el psicólogo, educador y doctor Martin Seligman, *Tomorrowmind: Thriving at Work with Resilience, Creativity, and Connection—Now and in an Uncertain Future*. Esas conversaciones me hicieron pensar en esta práctica de trabajo en equipo, concebida como un debate que se celebra mensualmente con el equipo sobre una serie de factores de resiliencia para ver dónde estamos ahora y cómo estamos actuando en consecuencia. Cada mes planteamos a los miembros del equipo una sola pregunta de la siguiente lista. Para cada pregunta, cada miembro debe dar una puntuación de 0 (bajo) a 5 (alto):

1. «¿Siento que estoy al tanto de las nuevas ideas?». Siempre me he considerado una persona con un alto nivel de agilidad cogni-

tiva: tengo buena capacidad para captar nuevas ideas y adelantarme a los acontecimientos cuando se trata de comprender conceptos emergentes. Pero también es un punto débil en el sentido de que, en momentos de estrés, no siempre me tomo el tiempo y la molestia de esperar a la gente en las prisas por hacer las cosas.

2. «¿Siento que el trabajo que estoy haciendo importa?». Las investigaciones demuestran que el propósito va más allá de las declaraciones de intenciones; existe el trabajo y existe la sensación de que tú —específicamente tú y nadie más— eres necesario para hacerlo. Y si ese trabajo tiene sentido —una misión más allá de obtener beneficios, que se asuma como un movimiento de base dentro de la organización—, mejor que mejor. Pero ¿habláis alguna vez de ello en equipo?

3. «¿Siento que voy por delante en mi área?». Se trata de la habilidad de prever y planificar el futuro. En el volátil entorno actual, y si la respuesta es negativa, ¿cómo puede ayudar el equipo? En mi último libro, *Competing in the New World of Work*, propuse que la previsión activa era una tarea de equipo y desarrollé una sencilla práctica de equipo para lograrla.

4. «¿Sigo escuchando a mi equipo?». Como vimos en el capítulo 4, necesitamos conexiones fuertes para prosperar. ¿Seguimos escuchándonos los unos a los otros y a nuestros equipos, o nos hemos replegado en el mando y el control? Estas preguntas, al igual que la comprobación de la energía, sirven para calcular los elementos que, según las investigaciones, impulsan o afectan a la resiliencia.

Cada una de estas preguntas debe generar un debate y plantear retos, problemas y oportunidades para el equipo. A partir de estas discusiones, pueden establecerse hilos de trabajo para crear preguntas para la «resolución colaborativa de problemas» —una práctica de trabajo en equipo que se tratará en el próximo capítulo— y, a lo largo del camino, estos hilos de trabajo podrían retomarse con el equipo para realizar pruebas de esfuerzo. Pero la idea es concienciar sobre los fallos en lo que sabemos que son impulsores y elementos que afectan a la resiliencia, y dirigir el equipo con miembros individuales que se ofrezcan voluntarios para ayudar a dirigir el trabajo y tomar medidas.

El lugar de trabajo como motor del bienestar

«Tenemos el poder de convertir los lugares de trabajo en sitios amables con la salud mental y el bienestar», escribe el vicealmirante Vivek Murthy, cirujano general de Estados Unidos, en la carta introductoria de su *Framework for Workplace Mental Health & Well-Being* («Marco de trabajo para la salud mental y el bienestar en el lugar de trabajo»).[3] Pero el doctor Murthy pide que todos convirtamos cada «momento de crisis en un momento de progreso». En este sentido, afirma: «Para ello será necesario que las organizaciones se replanteen cómo protegen a los trabajadores de cualquier daño, fomentan un sentimiento de conexión entre ellos, les demuestran que importan, les dejan espacio para su vida fuera del trabajo y apoyan su crecimiento profesional a largo plazo».

Nunca nos hemos sentido más solos. Más fracturados. Más fatigados. Por eso el trabajo en equipo, los diez cambios y la reestructuración de la forma de trabajar son tan importantes y necesarios.

6

Aumentar la colaboración: mayor creación conjunta y adopción del *meeting shifting*

Regla:
Creamos de manera conjunta y amplia para innovar con audacia.

Regla:
Aprovechamos la tecnología para mejorar nuestra colaboración.

Cuando Matt Mullenweg abrió su portátil, me mostró un atisbo de lo que el 15 % de las empresas más disruptivas saben, pero que el resto de nosotros apenas conocemos: una forma totalmente distinta de diseñar la colaboración. Existen una serie de dinámicas en juego. Los tiempos tan cambiantes en los que vivimos exigen ideas más audaces y un pensamiento más amplio por parte de todos nosotros. Trabajamos en redes —no en organigramas jerárquicos tradicionales— que nos obligan a ampliar nuestra colaboración y a pensar más allá de los silos. Tenemos que trabajar más deprisa y con mayor fluidez a través de fronteras y husos horarios. Y las reuniones no se basan solo en colaboración. Matt Mullenweg no solo sabe todo esto, sino que organiza sus negocios en torno a esa dinámica de colaboración. Me puse al día con el cofundador y desarrollador de WordPress —el código de fuente abierta utilizado hoy en día por el 43 % de los sitios web—, también fundador y CEO de Automattic, después de nuestras sesiones como ponentes en la cumbre Masters of Scale de Reid Hoffman, en San Francisco. Me ofreció un acercamiento virtual, de manera improvisada y entre bastidores, sobre cómo su equipo crea de manera conjunta e innova. «Yo llamo a esto una cadena de bloques organizativa —dijo Mullenweg, refiriéndose a su propio sistema de gestión de colaboración y flujo de trabajo—. Llevamos catorce años utilizándolo. *Cada* decisión importante, cada diseño, cada botón, cada cambio de precios, todo lo que hemos discutido y debatido está aquí y se mantiene de manera permanente». Me enseñó cómo utiliza su empresa la tecnología colaborativa, en la que los equipos comparten y critican ideas de forma transparente, y solicitan ideas audaces y nuevas a un amplio abanico de participantes, todo ello en un formato atractivo que se parece increíblemente a las entradas de un blog o a un *feed* de las redes sociales, con vídeos, imágenes, enlaces e incluso GIF. El código que Mullenweg escribió a los diecinueve años cambió la web y el mundo, así que no es de extrañar que siga aprovechando la tecnología para diseñar y transformar sus formas de trabajar. Su empresa tiene 1900, empleados que trabajan desde más de noventa y tres países sin sede física. Como dijo Mullenweg: «Somos una empresa que trabaja en la web y para la web». Mullenweg me mostró la tecnología que sustenta su nueva forma de trabajar: «Siempre que un nuevo empleado en cualquier parte del mundo necesita incorporarse a alguna colaboración y entender cómo hemos llegado hasta aquí, podemos echar mano de un enlace sencillo para cada debate que hemos tenido y cada decisión que hemos tomado. Y eso nunca cambiará mientras exista la empresa. Por eso la llamo cadena de bloques organizativa. Es un almacén de todo lo que ha ocurrido». Se valora la contribución de todos a la colaboración. Nada se pierde. Nada se desperdicia.

En nuestra investigación con más de dos mil equipos durante la pandemia —el mayor punto de inflexión en el mundo en cuanto al lugar de trabajo (pasar de trabajar en la oficina a hacerlo a distancia de la noche a la mañana)—, esperábamos encontrar también una innovación masiva en lo que a la forma de trabajar se refiere. A partir de nuestros datos, creamos un índice de cinco puntos de equipos de vanguardia digital de clase mundial, siendo el nivel uno los equipos que luchan por aprovechar los fundamentos digitales, y el nivel cinco, los equipos digitales que lo hacen a la perfección. El resultado nos decepcionó. Como ya hemos mencionado, solo el 15 % de los equipos habían cuestionado y reinventado su forma de trabajar. La mayoría se encontraban entre el uno y el dos: habían pasado de la colaboración basada en reuniones en las oficinas a las reuniones virtuales por vídeo, trasladando todos los malos hábitos de las salas de reuniones a las salas en la red. Sin embargo, los equipos de los niveles cuatro y cinco, digitalmente avanzados, utilizaban al máximo las herramientas disponibles, haciendo uso de funcionalidades que mejoran la colaboración tradicional basada en reuniones, junto con *software* y formas de trabajar para lograr comunicaciones más eficaces, y la gestión de proyectos y conocimientos. Me sentí profundamente inspirado por líderes como Mullenweg, Drew Houston, de Dropbox, y Rachel Romer, de Guild Education, que decidieron aprovechar este punto de inflexión para reconsiderar su forma de trabajar. Pero no eran los tiempos en que Mullenweg creó WordPress y escribía código desde su habitación. La tecnología era mucho más avanzada y había tantas cosas disponibles que podíamos elegir un sinfín de herramientas para nuestras empresas. Sin embargo, mientras líderes como Mullenweg, Houston y Romer surgían como las nuevas leyendas de las formas de trabajar, muchos otros pensaban que habían conseguido milagros simplemente manteniendo reuniones virtuales.

La tercera ola de la reinvención del trabajo

Estamos en la tercera ola de la reinvención del trabajo. Si echamos la vista atrás en la historia reciente para ver los cambios significativos que se han producido en la forma de trabajar, veremos que han surgido de los ingenieros. La primera oleada, producida en las décadas de 1980 y 1990, fue la gestión de la calidad total (GCT) y la estrategia seis sigma, nacidas de los ingenieros de la industria manufacturera para mejorar la calidad frente a la desalentadora competencia extranjera. A principios de la década de 2000, la segunda ola fue la ingeniería de *software* ágil, que surgió cuando la demanda de *software* superaba la capacidad y era necesario un nuevo sistema de trabajo. Hoy en día, cuando hay que rediseñar los métodos de trabajo de los empleados de oficina, ¿dónde están los ingenieros que hacen este trabajo de vanguardia? Los directores de sistemas de información, que eran ingenieros, se dedicaban a adquirir nuevas tecnologías de colaboración, pero no consideraban que su objetivo fuera impulsar la plena adopción de esas tecnologías. En lugar de ello, en un mundo que se enfrentaba a la controvertida cuestión de cómo «volver al trabajo», estábamos analizando el problema desde la perspectiva de las políticas de recursos humanos, en lugar de replantearnos el proceso y la práctica. Como recordatorio, nuestra investigación demostró que el espíritu de equipo era una combinación de comportamientos y prácticas de coelevación, junto con nuevos procesos y herramientas. Este capítulo (junto con el siguiente, en el que se abordarán los temas de la franqueza y la agilidad) es una rica fuente para estos nuevos procesos y herramientas de trabajo en equipo.

En la mayoría de las empresas no tecnológicas, ¿dónde estaban los líderes que, como Mullenweg, Houston y Romer, han pensado tanto en la reestructuración de sus formas de trabajar como en la reinvención de sus disruptivos modelos de negocio, que tantos beneficios han dado? Por desgracia, en el momento de escribir este libro, las mentes más avezadas del mundo empresarial aún no se han dedicado a resolver este problema, ni siquiera a ver la enorme oportunidad que existe para transformar su forma de trabajar. Esta es precisamente nuestra misión: no volver a trabajar, sino avanzar hacia el trabajo.

Una colaboración más amplia, audaz y adaptable

Lo que Mullenweg me mostró es una «desvinculación» del trabajo en cuatro sentidos:

1. **El trabajo en equipo está desvinculado del tradicional organigrama en silos.** Ha de incluir plenamente a quienes deben participar para llegar más rápido a las ideas más audaces. Una de las preguntas que plantearemos en este capítulo es «¿Quién es tu equipo?». Trabajamos en amplias redes dentro y fuera incluso de nuestra propia empresa, por lo que tenemos que redefinir el concepto que tenemos de «equipo» y colaborar libremente fuera del limitado organigrama. Una de las respuestas a esta pregunta pasa por una práctica de trabajo en equipo que describiré más adelante en este capítulo, que se compone del *teaming out* y del plan de acción de relaciones (PAR), que ayuda a identificar a las personas adecuadas, la visión y la experiencia que necesitamos a nuestro lado y como refuerzo para ganar. Es una idea que planteé por primera vez en mi libro *Nunca comas solo* sobre la creación de redes, para aprovechar las oportunidades en la vida. Años más tarde me di cuenta de que el liderazgo no consistía en otra cosa que en trabajar eficazmente en red dentro de la empresa y desarrollé aún más el PAR para *Leading Without Authority*.

2. **Hay que adaptarse de manera radical.** No podemos ser reactivos y conformistas como mecanismo de supervivencia. Hemos de ser previsores, proactivos y amantes del progreso, así como radicalmente adaptables, porque el mundo cambiante nos lo exige. No podemos aferrarnos a viejos hábitos y procesos de trabajo, sino que tenemos que mejorar nuestra forma de trabajar y crear sistemas más integradores, porque necesitamos más perspectivas, más conocimientos, más experiencia y más ideas, no menos, debido a la presión del cambio constante. Como escribí

en mi último libro, *Competing in the New World of Work*, «La adaptabilidad es un mecanismo de supervivencia; la adaptabilidad radical es un mecanismo de transformación». Mediante esta última, se abraza el nuevo mundo laboral y se crece con él, mientras que otros se limitan a ajustarse y adaptarse a él.

3. **Ir a lo grande**. En un mundo en constante transformación, necesitamos soluciones más audaces. Tenemos que liberarnos del miedo a lo que se avecina y aceptar que una colaboración más amplia no conduce a consensos faltos de fuerza, sino que nos alimenta con la diversidad de aportaciones para darnos las ideas que necesitamos. Analizaremos esta cuestión con más detalle en el capítulo 9, sobre cómo aprovechar el poder de la diversidad en nuestro equipo. Nos lleva más rápidamente a la innovación que necesitamos en el cambiante entorno actual. El conocimiento y las ideas pueden obtenerse mediante el *crowdsourcing* (la colaboración masiva). El *crowdsourcing* permite a las organizaciones lanzar una red más amplia a las nuevas ideas. Y la IA generativa ofrece un nuevo potencial para clientes, expertos o incluso competidores que ayuden a poner a prueba las ideas.

4. **Desvincularse de las reuniones como forma principal de colaboración**. Las reuniones tradicionales son solo una forma de colaboración y distan mucho de ser la mejor forma, o al menos la forma psicológicamente más segura, de colaborar. Como veremos más adelante en el capítulo, las reuniones en persona son estupendas para tratar determinados retos del equipo y como fase final de la colaboración para tomar una decisión. Pero hay mejores formas de colaboración, más audaces, rápidas, eficaces e inclusivas, como la colaboración asíncrona: personas que trabajan para alcanzar los mismos objetivos, pero no en el mismo momento ni en el mismo lugar. Pueden producirse rápidamente formas nuevas de colaboración —involucrando a un equipo más amplio y poniendo a prueba ideas— sin necesidad de celebrar una reunión.

El último punto echa por tierra el mito de la reunión. Mullenweg es un fanático de escuchar a la gente, sobre todo a las voces que menos tienden a pronunciarse en la organización. Pero, salvo las reuniones del consejo de administración, prácticamente no tiene reuniones permanentes en su agenda. Es un apasionado del trabajo remoto/distribuido y asíncrono: la colaboración en equipo que no se produce en tiempo real. «Hay una expresión en francés, *l'esprit de l'escalier* —dice Mullenweg—. Significa que has pensado en la respuesta ingeniosa perfecta para alguien con quien te has cruzado por las escaleras cuando ya las has terminado de bajar o subir. A veces es así como funciona nuestra mente. Es como cuando tienes una gran idea en la ducha o mientras das un paseo. Sin embargo, gran parte de nuestra forma de trabajar es la adecuada solo para las personas que son buenas en las conversaciones en tiempo real o en momentos de *brainstorming*. Una de las grandes ventajas del trabajo distribuido es liberar el genio de las personas más introvertidas».

Cuando los equipos de primera categoría *se reúnen*, ponen en marcha prácticas de alto rendimiento en las sesiones a distancia. En el capítulo 3 vimos cómo las salas de descanso pueden fomentar la franqueza, pero es una de las características más infrautilizadas de las reuniones a distancia. Recuerda que las salas de descanso impulsan el «poder de los tres» para superar la barrera que ha revelado nuestra investigación: en una reunión media de doce personas, solo cuatro se sienten escuchadas. El uso de salas de reuniones y documentos compartidos permite a todos expresar su opinión. Como veremos cuando repasemos las prácticas de trabajo en equipo de este capítulo, los documentos compartidos y las salas de reunión nos ayudan a obtener una perspectiva más amplia al principio de una iniciativa. En lugar de que alguien convoque una reunión partiendo de la base de que las conclusiones ya están casi listas, lo que queremos es ampliar el alcance e incluso pedir a la gente que colabore diciendo con franqueza cuál creen que es el verdadero problema que estamos intentando resolver y cuál consideran que es la respuesta. No habría forma de lograr todo eso en una reunión. Hay que escucharse de verdad. También utilizamos esas contribuciones para saber quién debe participar en una reunión antes incluso de que se celebre. Por lo general, descubrimos que muchas personas ni siquiera necesitan estar en el encuentro. Simplemente no contribuyen a las respuestas. O solo tienen que participar en una parte de ella. Todo esto ahorra tiempo. Y todo el ciclo de colaboración se realiza ahora en la nube, antes de la reunión, lo que acorta el tiempo de colaboración en semanas, a veces en meses. ¿Cuántas colaboraciones comienzan con una reunión y apenas se profundiza, solo para acabar programando varias reuniones más en las semanas y meses siguientes, pero sin llegar nunca a comprender realmente la causa y las diversas perspectivas del asunto? Utilizando todas las herramientas tecnológicas a su disposición, los mejores equipos están dando nueva forma a las maneras de colaborar para dar lugar a una creación conjunta más rápida y audaz.

Una historia de transformación a través de una colaboración más audaz

Eric Starkloff, el nuevo CEO de NI (antes National Instruments), tenía la misión de reorganizar la empresa, con sede en Texas y especializada en ingeniería de pruebas y medidas automatizadas. Quería agilizar la toma de decisiones y acelerar el crecimiento. Starkloff creía que la empresa, valorada en 1200 millones de dólares, debía ser más ágil y funcionar más como una compañía tecnológica. Creía que era necesario un cambio de cultura corporativa. Quería que sus directivos entendieran que no siempre tenían que esperar a que él tomara las decisiones importantes. Corrían los primeros meses de 2020 y la pandemia de la covid estaba a punto de enviar al equipo a trabajar desde casa. Pasaron varios meses y todo cambió. El equipo directivo había generado confianza y creado una cultura de innovación y toma de decisiones más rápida. «El cambio más tangible es la capacidad de escalar y tomar decisiones empresariales críticas con mayor rapidez —afirma Starkloff—. Hay un espíritu de creación conjunta, por lo que la velocidad de ejecución es mayor. No tenemos que hacer como antes, cuando se buscaban apoyos a título individual y lo más probable es que no se hubieran explorado a fondo. En el pasado, a veces pensábamos que la toma de decisiones colaborativa y la toma de decisiones rápida estaban reñidas. Pero hay técnicas para conseguir ambas cosas. No se trataba solo de un cambio de cultura. Fue un cambio en términos de rendimiento». Jason Green, director de ingresos y vicepresidente ejecutivo de cartera de NI, destacó cómo el esfuerzo por alcanzar los objetivos rompió los silos tradicionales. «El resultado más tangible es un aumento de las ventas y una mayor colaboración entre las unidades de negocio, cada una de las cuales ve a las demás como aliados que despliegan empatía», afirma Green.

Involucrar a los compañeros sin perder autoridad

Hablando con Eric Starkloff sobre el proceso de transformación de NI y su experiencia en nuestro proceso de *coaching* para que la compañía adoptara un nuevo contrato social y prácticas de trabajo en equipo, el directivo captó el cambio fundamental de mentalidad que los líderes deben hacer sobre una colaboración en equipo más amplia e inclusiva. «Los líderes de las instituciones nacionales solían pensar que tenían que asumir algo y resolverlo todo ellos mismos —afirma Starkloff—, pero se puede involucrar a los compañeros en el desarrollo de una solución sin disminuir la autoridad ni la responsabilidad. Es una cuestión de mentalidad: no tienes que resolverlo tú solo». La transformación se inició con la adopción de prácticas de alto rendimiento orientadas a la inclusión, la creación conjunta y la colaboración. Es el cambio hacia la creación de valor a partir de interdependencias, sin el impedimento de jerarquías, estructuras tradicionales o jerarquías de liderazgo.

Introducción a la pila de colaboración

En última instancia, los mejores equipos no conciben la colaboración como una reunión, sino como una «pila de colaboración» que funciona según cuatro diferentes modos de colaboración, que deben estar plenamente diseñados:

1. **Asíncrono**. Equipos que colaboran en los mismos objetivos, pero cada uno en su momento, y que suelen utilizar tecnologías de colaboración y documentos compartidos en lugar de reunirse.
2. **A distancia**. Colaboración en tiempo real (síncrona), pero con equipos que trabajan a distancia.
3. **Híbrido**. Colaboración en tiempo real: algunas personas trabajan a distancia y otras en persona.
4. **En persona**. Colaboración en tiempo real y con todo el mundo en el mismo lugar.

En la parte superior de la pila —requisito previo para los demás modos y el que primero se debe adoptar— está la colaboración asíncrona. Esta promueve flujos de trabajo más productivos, pero no necesariamente con compañeros en la misma reunión, de manera simultánea. Permite una inclusión más rica que alimenta una innovación más audaz, al permitir que más personas participen en el asunto en cuestión con un nivel de libertad del que la mayoría no puede disfrutar en una reunión, lo que no ralentiza el proceso.

El objetivo de las reuniones en persona

Pero no se trata de una cuestión de sincronía contra asincronía. El uso estratégico de ambos modos lleva a una experiencia óptima. Drew Houston me dijo que, a pesar de que Dropbox tiene una política de trabajo en remoto, *no es solo así*. Apoya la idea de convocar reuniones trimestrales en persona para estrechar los lazos de equipo. Pero, en muchas empresas, el desarrollo del trabajo asíncrono es esencial y debe ser una prioridad como parte de una visión y una estrategia más amplias para el trabajo y la colaboración. Podemos organizar reuniones mejores y más centradas con las personas adecuadas o evitar algunas de ellas. Necesitamos un trabajo sincrónico de alta calidad con excelentes reuniones en persona, otras híbridas y otras totalmente a distancia. Hay momentos en los que trabajar en un lugar determinado es importante. La presencia física se debería orientar hacia el lado emocional del trabajo: colaboraciones difíciles, cuando se han de llevar las cosas a buen puerto mediante un grupo unido, celebraciones, juegos, vínculos, conexión y problemas arduos que frustran a las personas y que deben resolverse con buenas dosis de empatía. Me cuesta ver cómo los equipos se reúnen y no aprovechan el tiempo que pasan juntos para lo que mejor sabemos hacer en persona. Todo esto conforma la pila de colaboración. Cada etapa de la pila tiene atributos únicos; cada una exige que se adopten y adapten prácticas de trabajo en equipo. La colaboración no es una reunión, es un complejo conjunto de dinámicas relacionales que, si se aprovechan como han puesto de manifiesto nuestros años de investigación aplicada, puede acelerar el rendimiento y el crecimiento.

Un nuevo cambio para adoptar nuevas formas de trabajar

No aprovechar la perspectiva de todos lleva a resultados mediocres. La diversidad de aportaciones y una inclusión más amplia son poderosas herramientas para concebir ideas más audaces, lo que necesitamos para la innovación disruptiva y para lograr proyectos ambiciosos. Como hemos dicho antes, no necesitamos ir tan lejos como Mullenweg y construir una plataforma a medida. La tecnología, como Google Workspace con su pila de aplicaciones, Docs, Sheets, Slides, Forms y Chat, ha hecho que esa colaboración más amplia e inclusiva sea más accesible que nunca, abriendo vías para los *meeting shifts* (véase esta práctica de trabajo en equipo más abajo), para desplazar ciclos enteros de colaboración fuera de las reuniones de cara a poder trabajar con colaboradores de forma asíncrona y acelerar el proceso de innovación. Cuando hablé con Satya Nadella, CEO de Microsoft, tenía claro que necesitábamos una mayor adopción de las nuevas formas de trabajar en la empresa: tenemos una gran tecnología, pero apenas hemos empezado a aprovechar su potencial. Necesitamos un nuevo cambio en el lugar de trabajo para adoptar nuevas formas de trabajar, nuevos defensores de cómo la tecnología puede revolucionar el trabajo a distancia, y aprovechar el nuevo potencial de la IA generativa y agentiva.

De la investigación a distancia e híbrida a la revolución de la IA: cómo las nuevas herramientas están permitiendo la transformación del trabajo

En 2012, iniciamos una investigación sobre el trabajo a distancia y diseñamos un nuevo conjunto de prácticas de trabajo en equipo en torno a los atributos fundamentales de los equipos híbridos que mayor rendimiento demuestran. Compartimos nuestros hallazgos y las intervenciones que se hicieron en los equipos híbridos en la *Harvard Business Review* bajo el título «New People Rules in a Virtual World». A continuación, la pandemia de 2020 se convirtió en el gran laboratorio del trabajo a distancia, una oportunidad para comprobar el impacto de nuestras prácticas híbridas y a distancia para lograr el mayor rendimiento posible a gran escala. En el caso de los que aplicaron las prácticas de trabajo en equipo, observamos un aumento de tres a cuatro veces en los indicadores clave del rendimiento, en concreto en responsabilidad y resultados. En los años siguientes, y mucho antes de la expectación que suscitó el lanzamiento de ChatGPT a finales de 2022, nuestra investigación se extendió a la IA. Colaboramos con mi amigo Peter Diamandis, quien predijo hace cinco años: «Si tu negocio no está impulsado por la IA en un futuro próximo, estarás fuera del negocio».

Cuando se escribe en plena revolución de la IA, está claro que lo que se diga sobre ella y su impacto en nuestros equipos será discutible a finales del mismo año. Sin embargo, lo que sabemos por el momento es esto:

1. La IA y los humanos se unirán como compañeros de equipo y aquella impulsará la mayor parte de lo que hacemos. La transformación del trabajo en torno a la IA promete reducir costes, que es el aspecto en el que mucha gente está enfocando el asunto hoy en día. Pero también tiene el potencial de aumentar el sentido del propósito y la conexión humana que las personas tienen con su trabajo. El éxito dependerá de nuestra capacidad para armonizar nuestras capacidades con las de la IA a fin de alcanzar los objetivos empresariales y la satisfacción humana a gran escala.

2. La creación de valor será más fácil con una menor intervención humana, a medida que se desarrolle la IA autónoma, que apenas necesitará supervisión, y cada vez menos personas podrán hacer más cosas con la IA. Cuando Google compró YouTube en 2006, fue impactante ver una valoración de mil millones de dólares creada por tan solo diez personas. Pronto veremos una empresa de mil millones de dólares creada por una sola persona y probablemente incluso una creada por IA, sin intervención humana. Pero este punto solo enfatiza el hecho de que estaremos creando junto con la IA, como compañeros de equipo, tanto valor como cientos o miles de compañeros hace no tanto tiempo. En cierto sentido, el concepto de «compañero de equipo» adquirirá una perspectiva totalmente nueva. Este compañero podrá ser humano o en forma de IA.

Mientras escribo, somos testigos de un gran fervor por la IA y, sin embargo, falta un espíritu de adopción amplio y significativo. La razón de la vacilación a la hora de adoptar la IA generativa es que nuestra relación con ella no es la misma que con el *software* tradicional. El *software* es una herramienta, mientras que la IA es más bien un socio, y pronto ese socio irá dos pasos por delante de nosotros y nos desafiará de forma contundente a pensar de manera diferente. A pesar del potencial de la IA para transformar nuestra forma de trabajar, también estamos asistiendo a una adopción y despliegue más lentos debido a un temor infundado por parte de los trabajadores. Las grandes promesas han hecho que la tecnología resulte intimidante. Y esto se agrava cuando la IA suena como si Einstein se pusiera a trabajar en tu oficina. Eso acabará ocurriendo, pero hoy en día la realidad se acerca más a tener a mano un ejército de miles de asociados polivalentes listos para ejecutar a velocidad y escala aquello que necesitas hacer. Y, como cualquier asistente, lleva tiempo dar ese tipo de instrucciones y hay que hacerlo a través de instrucciones muy concretas (al menos por el momento). Imagina todo lo que puedes hacer:

1. Puedes aportar a tu equipo diferentes tipos de experiencia y conocimientos que aún no tienes presentes. Si eres una empresa de bienes de consumo y estás desarrollando un nuevo producto, puedes utilizar la IA para evaluar cómo podrían reaccionar los distintos consumidores. Digamos que eres una empresa B2B y estás desarrollando una nueva solución. Puedes hacer pruebas de esfuerzo con una pregunta perfectamente concebida: ¿cómo respondería un determinado segmento de la industria? La IA puede ponerse en el lugar de un competidor a la hora de abordar las estrategias. Por muy profunda y amplia que sea tu curiosidad, puedes entrenar a la IA para que te asista.

2. Luego está la cuestión de cómo la IA puede hacer que tu equipo sea más eficaz desde el punto de vista administrativo. Esto podría ser tan sencillo como la sincronización de calendarios y la automatización de tareas administrativas básicas, desde la redacción de correos electrónicos hasta la creación de los primeros borrado-

res de documentos. Pronto, permitir que las personas adecuadas participen en torno a los problemas adecuados será casi instantáneo, ahorrará meses de colaboración y nos permitirá llegar a miles de personas con los conocimientos más avanzados.

3. El desarrollo y la formación de equipos pronto aumentarán exponencialmente: con la IA profundamente integrada en nuestro trabajo, hay una gran cantidad de datos sobre nuestro rendimiento individual que podrían ayudar a nuestro aprendizaje y desarrollo de habilidades, productividad, rendimiento y eficacia. ¿Hasta qué punto es eficaz nuestra comunicación? ¿Interrumpimos a los demás en las reuniones? ¿Se malinterpretan nuestros mensajes? Si la IA entiende por nuestras notas preparatorias de una reunión cuál es nuestra perspectiva, ¿por qué no planteamos un punto crítico en un momento clave? Si eso no está a nuestro alcance hoy, está al llegar y potenciará la eficacia individual del equipo.

Soy bien consciente de que, mientras escribo estos últimos puntos, son demasiado tácticos, demasiado a corto plazo y que en futuras ediciones del libro se eliminarán por anticuados. Pero, por ahora, es donde estamos, y la era de los equipos asistidos por IA ya está dejando atrás a algunas organizaciones. Como dijimos en el primer capítulo, el cambio del liderazgo al trabajo en equipo exige una combinación de nuevos comportamientos de coelevación, nuevos procesos de colaboración y nuevas herramientas. La IA es más que una herramienta, es un colaborador, un nuevo miembro del equipo que exige una transformación de la forma de trabajar para que podamos aprovechar su poder.

Prácticas de trabajo en equipo

Tras completar el diagnóstico y establecer las dos reglas, seis prácticas de trabajo en equipo apoyan el cambio para aumentar el nivel de colaboración:

1. *Teaming out* **y plan de acción de relaciones**. ¿A quién necesitamos para hacer el trabajo y cómo podemos reconocer que, cuanto más amplio sea nuestro alcance, más innovadoras y audaces podrán ser nuestras respuestas?

2. **Pruebas de esfuerzo asíncronas**. Se trata de tomar la franqueza y la responsabilidad de colaboración práctica de equipo que encontramos en el capítulo 3 y convertir todo esto en una práctica de colaboración sin límites, sobre a quién o a cuántas personas podemos invitar para que aporten su visión.

3. **Resolución colaborativa de problemas asíncrona (CPS)**. Formula una pregunta abierta pero crítica para la empresa e inicia con ella una colaboración inclusiva.

4. **La junta de decisiones**. Esta práctica de trabajo en equipo es una versión en aluvión de la resolución colaborativa de problemas; en lugar de una pregunta, toma un conjunto de preguntas que deben resolverse antes de una reunión.

5. **Inspección de calendarios**. Esta práctica en equipo consiste en una revisión exhaustiva de los calendarios para eliminar reuniones innecesarias.

6. **Programar la preparación asíncrona**. La adopción de la colaboración asíncrona exige replantearse cómo programar el tiempo. Esta práctica de trabajo en equipo trata sobre cómo hacerlo.

Diagnóstico de la colaboración

Primer paso. Debate en equipo sobre la mejora de la colaboración
¿Existe en el equipo un espíritu para la creación conjunta, sin límites, que impulse la innovación? ¿Nos entusiasma mirar más allá del organigrama para encontrar a otros con los que colaborar y así poder obtener mejores respuestas y más inspiradas? ¿El equipo aprovecha al máximo todas las tecnologías colaborativas y sus funciones para acelerar la colaboración? Estos son los estándares a los que aspiran los me-

jores equipos y, en nuestro ejercicio de diagnóstico, son los que alcanzan una puntuación media de 4,3 sobre 5. Cuando se trabaja en equipo, se aprovechan las grandes mentes para avanzar, afinar e impulsar la innovación. Se incluye en «equipo» no solo a quienes trabajan para nosotros, sino a quienes pueden darnos las mejores respuestas para avanzar. Pero este espíritu ilimitado de creación conjunta es poco frecuente. Nuestros datos muestran que la mayoría de los equipos obtienen una puntuación de 2,5 sobre 5, según nuestro ejercicio de diagnóstico.

Segundo paso. Preguntas de diagnóstico
Todos los miembros del equipo han de puntuar de 1 a 5 las siguientes afirmaciones (1: Totalmente en desacuerdo; 2: En desacuerdo; 3: Ni en desacuerdo ni de acuerdo; 4: De acuerdo; 5: Totalmente de acuerdo):

- Este equipo crea un valor significativo a partir de las interdependencias que existen entre sus miembros.
- No nos suponen un impedimento ni la jerarquía ni la dependencia de la autoridad.
- Este equipo cruza la línea de meta unido y hacemos lo que haga falta para cumplir en todos los aspectos del rendimiento colectivo del equipo.
- Todos los miembros del equipo cumplen sus propios compromisos individuales y se responsabilizan de sus resultados.
- Las reuniones son bienvenidas y productivas porque las utilizamos con moderación y como complemento a las herramientas colaborativas y de IA, que nos ahorran tiempo y nos permiten participar de forma inclusiva.
- Somos integradores e invitamos a un conjunto amplio de opiniones a encontrar las soluciones más innovadoras.

El diagnóstico debe administrarlo un miembro del equipo que se considere imparcial y de confianza, ya que la puntuación es anónima y no se atribuirá a personas concretas. Puedes utilizar una herramienta de encuesta en línea.

Reglas y hábitos

Las dos reglas para la colaboración en equipo son estas: «Creamos de manera conjunta y amplia para innovar con audacia» y «Aprovechamos la tecnología para mejorar nuestra colaboración». Llevar a la práctica este cambio concreto en un plazo de un mes y, a partir de entonces, con regularidad, es una oportunidad para disponer de un espacio en el que hablar sobre dónde pueden haberse descarrilado las cosas, y para comprobar que se están cumpliendo nuestros nuevos hábitos y que se están aplicando las prácticas de trabajo en equipo.

Práctica de trabajo en equipo. **Teaming out** *y plan de acción de relaciones*

La mayoría pensamos que un equipo propio lo conforman las personas que dependen de nosotros, pero la realidad es que se trata de una vieja forma de concebir el trabajo. ¿A quién necesitamos para hacer el trabajo que tenemos y cómo podemos reconocer que, cuanto más amplio sea nuestro alcance, más innovadoras y audaces pueden ser nuestras respuestas? No importa si las personas son o no de la organización. En mi caso, como autor del *bestseller* sobre trabajo en red *Nunca comas solo*, con el tiempo he aplicado esa investigación y mis conocimientos para aprender a trabajar y dirigir en red de la forma más eficaz. Puedes hablar de lo que tienes que hacer y hacia dónde te diriges, pero tienes que empezar a presentar a las personas que forman tu red de equipo y quiénes son aquellos con los que necesitas establecer relaciones para alcanzar tus objetivos. Eso es el *teaming out*. Asimismo, para trabajar en equipo es necesario elaborar un «plan de acción de relaciones» (PAR). El PAR requiere que lo plasmes en un documento compartido:

1. Identifica las relaciones más importantes para el éxito de cada objetivo. Reconoce también que no se trata solo de las personas de las que debes obtener el apoyo, sino de tu equipo. Luego, tienes que trabajar con ellos y servir, compartir, cuidar y establecer un contrato social con ellos. Trabajar en equipo significa que cada objetivo conlleva un equipo asociado.
2. Mide tus progresos. Utiliza una escala de −1 a 5.
   - −1 = La relación es tensa.
   - 0 = No conocen nuestro trabajo ni les interesa.
   - 1 = Son conscientes, pero no están realmente comprometidos.
   - 2 = Se comprometen un poco, pero no colaboran realmente en profundidad.
   - 3 = Colaboran y participan regularmente.
   - 4 = Ofrecen innovación y dan un paso al frente para poner sobre la mesa riesgos y retos.
   - 5 = Son verdaderos aliados, están totalmente con nosotros e impulsan la contratación de otros compañeros cruciales.

Es esencial priorizar quiénes son tus compañeros más importantes:

- A = El núcleo del equipo de trabajo constante, el del día a día.
- B = Aquellos de los que más te beneficiarás y que pueden estar contigo durante el progreso. Trabajamos con ellos y los comprometemos de verdad con el equipo, algo que puede que no ocurra en las reuniones diarias, pero sí en las revisiones periódicas de los *sprints*, sobre las que aprenderemos más en el próximo capítulo (sobre equipos ágiles).
- C = Personas influyentes con las que necesitamos relacionarnos a cierto nivel. Es posible que estas personas solo participen en las etapas clave del proyecto.

Así que ahora tienes dos métricas: calidad de la relación (RQ, por sus siglas en inglés) y prioridad. Es fundamental que se sitúen entre el 4 y el 5. Al fin y al cabo son el núcleo de tu equipo crítico, y lo que te conviene es que todos estén profundamente cohesionados en torno a los objetivos comunes. La mayoría de las personas que se agrupan en B necesitan situarse al menos en una RQ de 3, 4 o 5. Una de las claves es no dedicar demasiado tiempo a tratar de convertir a los −1, sino conseguir una adherencia al proyecto y unos resultados reales que hagan que esos −1 acaben convirtiéndose. Lo llamamos la conversión de Saulo a Pablo —el momento bíblico del camino de Damasco en el que el perseguidor de los cristianos se convierte en apóstol—, cuando consigues convencer a los detractores; sin embargo, intentarlo demasiado pronto puede hacerte perder el tiempo y evitar que consigas la adherencia necesaria.

3.   Construye y fortalece activamente. Puedes asignar a personas del equipo objetivos con los que entablar relaciones: contratistas, clientes... Amplía la lista con el tiempo y supervisa los progresos con regularidad, al menos al final de cada mes, con el equipo diario. Coeleva tanto con clientes como con proveedores.

Evita reorganizaciones innecesarias

Muchas empresas tratan de abarcar un rediseño organizativo porque dos partes del negocio no colaboran eficazmente. Se hace necesario cambiar el ámbito de control de un grupo. Un tiempo después, se hace patente que se debe acometer otra reorganización porque nos topamos con otro problema con respecto a lo que un grupo en concreto quería controlar. Y al cabo de unos años llamamos a otra consultora para que vuelva a rediseñar el organigrama. ¿Te suena familiar? A menudo se dice que el trabajo se desarrolla en múltiples dimensiones: pérdidas y ganancias empresariales, funciones de apoyo, geografías, etc. Esa puede ser una forma decente de describir una organización, pero no es así *como se debe hacer el trabajo.*

Nuestra concepción de cómo organizar el trabajo implica que se tiene que empezar por los objetivos. Cada objetivo tiene un equipo que participa en su consecución. ¿Quién forma parte de ese equipo? Esto nos lleva de nuevo a la idea del *teaming out* y al plan de acción de relaciones (PAR), y a considerar que los equipos deben estar formados por la red adecuada, que, a través de una colaboración multidisciplinar, alcanza el objetivo. Se trata de una red, no de un organigrama rígido, en la que cada equipo multidisciplinar ejecuta los objetivos en *sprints* de trabajo (de los que hablaremos en el próximo capítulo). Siempre he dicho a mis clientes: «Por favor, no os apresuréis a reorganizar; primero intentemos enseñar a los líderes de nuestros equipos a estar a la cabeza de toda la organización, aclarando nuestros objetivos, y luego diseñando PAR inclusivos y trabajando con estos equipos en red en *sprints* ágiles». En estos casos, no hacemos más que implantar equipos ágiles dentro de una organización en red.

Práctica en equipo. Pruebas de esfuerzo asíncronas

En el capítulo 3 presentamos la prueba de esfuerzo como un medio para introducir más franqueza y responsabilidad entre compañeros en el equipo. Pero las pruebas de esfuerzo asíncronas son ilimitadas, en el sentido de que no hay límites sobre a quién o a cuántas personas podemos invitar a nuestra colaboración para encontrar las mejores respuestas a los retos a los que probablemente nos enfrentemos. Esto nos permite ser más inclusivos y aceptar opiniones más diversas. Eso es algo que descubrí con un gran fabricante de automóviles, cuando una colaboración que comenzó con quince personas se amplió gracias a las pruebas de esfuerzo asíncronas, lo que nos llevó a encontrar una solución a un tema controvertido que los había estado frenando durante meses. La idea final que cambió el juego provino de una persona a tres niveles de distancia de los quince miembros del equipo original y que, de otro modo, nunca habría sido invitada al debate. También podemos poner a prueba nuestras suposiciones a través de la IA. Ahora es fácil que la IA ponga a prueba y cuestione nuestras ideas y suposiciones mientras buscamos con avidez ideas e innovaciones más amplias que las que pueda tener nuestro limitado equipo central.

Para mayor claridad, imaginemos un equipo directivo cuyos CEO y director financiero le piden encontrar ahorros de costes. En una próxima reunión, la directora de informática está dispuesta a presentar su propuesta de recorte, que pretende conseguir centralizando lo que antes eran recursos informáticos distribuidos. El director de sistemas de información esperaba cierta resistencia por parte de los líderes de las unidades de negocio ante la idea de un mayor control centralizado de los servicios informáticos y la pérdida de atención personalizada de las unidades de negocio. Así que, en una reunión a la antigua usanza, el director de sistemas de información ya ha presentado el paquete al director financiero, ha planteado muchos de los posibles retos al CEO y ha pedido el apoyo de ambos antes incluso de que el encuentro tenga lugar. En la reunión, el director de sistemas de información abre el debate entre el equipo presentando su propuesta. La presentación de este último es un informe estándar. Algunos de los líderes de las unidades de negocio se dan cuenta de que las decisiones con el director financiero y el CEO ya se han tomado, y deciden no expresar su descontento sobre los riesgos y preocupaciones, ya que sienten que no valdrá para nada. Algunos de los presentes han decidido hacer su propia política de pasillos más tarde con el CEO, por lo que se guardarán sus argumentos para no entrar en un debate abierto, suponiendo que un encuentro privado les beneficiará más. Algunos no están dispuestos a hacer recomendaciones aunque su instinto les diga que hay una forma mejor de hacerlo, ya que no han tenido tiempo suficiente para pensarlo detenidamente. Como veremos en el capítulo 6, cuando hay doce personas en la sala, es probable que solo se oigan cuatro voces, a lo sumo. La franqueza brilla por su ausencia. Existe la creencia tácita de que es mejor pasar al siguiente punto del orden del día y tratar de resolverlo fuera de la sala. ¡Bienvenido a una reunión típica en la vida corporativa en cualquier parte del mundo hoy en día! Ahora permíteme plantear un escenario diferente.

En este nuevo escenario, el CEO ha propuesto una nueva guía asumiendo que, en el clima económico actual, hay dificultades y una necesidad de identificar reducciones de costes. El director de sistemas de información, en respuesta, crea un rápido guion con el siguiente formato:

- Esto es lo que sabemos y ya hemos hecho para llegar a la mejor solución.
- Aquí es donde estamos luchando; hay desafíos y cuestiones espinosas sobre el tema.
- Este es nuestro plan para seguir adelante tal y como está hoy.

La página, que puede ir acompañada de un breve vídeo para que todo el mundo adopte el tono adecuado sobre un tema tan sensible, se comparte como un simple documento narrativo o como una diapositiva. En cualquier caso, la página va acompañada de una hoja de cálculo con los nombres de los doce asistentes a la reunión en la columna de la izquierda. En la fila superior hay tres preguntas sencillas que debe responder cada miembro del equipo:

1. ¿Qué retos o riesgos consideras que estamos pasando por alto?
2. ¿Tienes alguna idea o solución innovadora/audaz que pueda beneficiar a la situación?
3. ¿Qué ayuda o apoyo podéis prestar tú y tu equipo para solucionar este problema?

Este documento se envía al menos una semana antes de la reunión, para que todos los compañeros de equipo lo estudien y respondan. Esto da a cada colaborador tiempo suficiente para pensar, consultar con sus equipos y responder a esas preguntas antes de la reunión..., y también para leer las respuestas de los demás. Sabiendo que, en el pasado, el trabajo antes de las reuniones a menudo no se realizaba, asignar nombres en un documento compartido aumenta la probabilidad de que se complete debido a una cuestión de responsabilidad entre compañeros y ante la atenta mirada del CEO. Lo que acabamos de hacer es un *meeting shift*, al adelantar partes del trabajo relacionado con el encuentro. El director de sistemas de información puede participar en la reunión con un orden del día en el que se aborden las preocupaciones y se planteen algunos aspectos concretos que convendría tratar en grupo. Pero, a diferencia del primer escenario, que se prolongará durante semanas, quizá meses, este permite que el equipo zanje el tema posiblemente durante la reunión.

Otras prácticas de colaboración asíncrona en equipo

Con la preparación asíncrona, todos los miembros del equipo pueden reflejar cuidadosamente por escrito lo que quieren decir para que todos lo lean y comenten por adelantado. La duración del encuentro se reducirá radicalmente en consecuencia, ya que en la reunión se podrán debatir los siguientes pasos, puesto que ya se habrá escuchado a todo el mundo: lo han escrito y lo han leído con antelación. Mucha gente piensa que se puede hacer una lectura rápida antes de la reunión o en los diez primeros minutos. Pero así se pierde mucho tiempo, porque los asistentes no han tenido tiempo de leer detenidamente y responder al grupo por adelantado y para que todos lean las opiniones de los demás. Esperar a leer el trabajo previo en la reunión supone saltarse todo un valioso ciclo de colaboración y puede alargar la colaboración varias semanas. La resolución colaborativa asíncrona de problemas y la junta de decisiones son otras dos prácticas que pueden potenciar la preparación asíncrona del equipo.

Resolución colaborativa asíncrona de problemas
La resolución colaborativa asíncrona de problemas centra la atención en una única cuestión crítica para la empresa que sea relevante para

una colaboración que ya esté en curso o quizá para una próxima reunión; en cualquier caso, ha de ser antes de que se mantenga el encuentro. La resolución colaborativa asíncrona de problemas es adecuada para preguntas más abiertas y de primer nivel, en lugar de las pruebas de esfuerzo, que se centran en hacer que una opinión o hilo de trabajo existente sea mejor y más robusto. Según mi experiencia como experto en *coaching*, demasiados equipos evitan poner sobre la mesa las cuestiones más importantes y difíciles para debatirlas y tratarlas. Este método es una forma estupenda de sacarlas a la luz desde los sectores más amplios de la empresa y el equipo. También es una parte importante del contrato social. Así es como nos atrevemos a decir lo que es más difícil de compartir. Nos comprometemos con la misión y entre nosotros. Para alinear a un equipo con su objetivo, la resolución colaborativa asíncrona de problemas aporta claridad y transparencia, y alineación en las siguientes áreas críticas:

Misión principal. ¿En qué estamos desalineados en torno a nuestra misión como equipo? ¿Y con respecto a nuestras prioridades para lograr completarla?

Objetivos. ¿Cuáles son los mayores desafíos que debemos afrontar para alcanzar el éxito?

Prioridades. ¿Cuáles son las dos o tres cosas en las que necesitamos centrarnos en los próximos tres meses?

Redundancias. ¿Qué tenemos que dejar de hacer para liberar espacio a las prioridades máximas que afrontamos?

Riesgos. ¿Cuáles son los mayores retos a los que nos enfrentaremos en los próximos 3-6 meses (o en el próximo año)?

Transparencia. ¿Qué temas o preguntas importantes debemos abordar como equipo, pero no estamos abordando?

Cada una de estas preguntas va acompañada de una hoja de cálculo compartida en la que figuran los nombres de todos los asistentes y un espacio para que la gente anote sus ideas y respuestas antes de la reunión. Se anima a todos a que aporten datos o ideas de sus equipos. Una cosa que a menudo les digo a los equipos sobre el beneficio de la resolución colaborativa asíncrona de problemas y la participación de equipos más amplios por adelantado es que, tradicionalmente, hay un debate en vivo en la sala que llega a una conclusión, pero luego los miembros del equipo parecen dar marcha atrás en su compromiso. A veces se trata de un problema de franqueza y falta de compromiso, pero a menudo se debe a que, cuando los miembros del equipo han vuelto a sus equipos más amplios, se enteran de cuestiones que desconocían y que los han llevado a un nuevo desacuerdo. Este proceso asíncrono lo evita y garantiza que todos los datos disponibles estén claros de antemano para poder alcanzar un verdadero acuerdo de una vez por todas. El documento compartido y la capacidad de responder, resolver y revisar los comentarios constituye un registro permanente del progreso de un proyecto, una forma de auditoría de la toma de decisiones que el equipo principal y otros equipos pueden seguir en el futuro.

Una vez que todos han leído las aportaciones de los demás, acuden a la reunión preparados para sumergirse en ellas. Después de que las hayan leído, puede haber una ronda más de comentarios con el fin de ayudar de nuevo a ir directo al grano. La gente puede estar de acuerdo con los demás o compartir sus diferencias de opinión en la nueva columna, una vez que hayan leído los comentarios de todos los compañeros. Después, justo antes de la reunión, todos leen los comentarios finales y quien lidera la reunión decide:

1) ¿Cuál es el orden del día que más necesitamos? A veces determinados puntos ya se han resuelto. 2) ¿Quién tiene que participar? A menudo se trata de un grupo mucho más pequeño del que se pensaba y, de esta manera, las reuniones se pueden reducir, hasta en un 30 %. 3) ¿Pasamos directamente a dar respuestas del tipo «Sí, no, tal vez» a todo el mundo? («Sí, haremos esto», «No, no lo haremos por este motivo» y «Tal vez, lo estudiaremos»). Luego, en la reunión, se trata de llegar a las conclusiones finales.

La junta de decisiones

La junta de decisiones es una variante más amplia de la resolución colaborativa asíncrona de problemas y tiene lugar al principio del proceso de colaboración. Esta consiste en que, en lugar de una única pregunta relacionada con la resolución colaborativa asíncrona de problemas, se aborda un conjunto de preguntas que deben responderse de antemano. La idea es que cualquier información presentada y que conlleve tomar una decisión en una reunión debe comenzar con un vídeo o un simple texto. Esa lectura o grabación preparatoria va acompañada de una hoja de cálculo compartida en la que se enumeran los nombres de todos los asistentes en una columna y, a lo largo de las filas, se formula una serie de preguntas críticas relacionadas con el punto concreto del orden del día. En la compañía de automoción mencionada párrafos atrás, estaban luchando contra los retrasos en su reequipamiento durante la fabricación, requisito necesario para cumplir los compromisos adquiridos con clientes e inversores. Una serie de preguntas, sencillas pero contundentes, se formularon al respecto:

- ¿Cuál es el problema principal que intentamos resolver? (Se trata de detectar cualquier desajuste).
- ¿Qué otras soluciones deberíamos considerar? (¿Quién o qué dentro de la organización puede tener problemas con las posibles soluciones?).
- ¿A quién debe invitarse a este debate? (¿Quién podría aportar una mayor innovación? ¿Quién será parte integrante de la ejecución? ¿A quién nos beneficiaría escuchar, incluso fuera de la organización?).

Antes de programar las reuniones, se pide a las personas que se supone que tienen alguna idea sobre el tema que respondan a las preguntas. Los órdenes del día de las reuniones y las personas que han de ser invitadas se derivan en última instancia de las aportaciones tras toda una ronda de debate en torno a esta información, lo que resulta más sólido que si se partiera de cero en una reunión, sin preparación alguna. En ese caso, harían falta muchas reuniones posteriores para tomar las riendas del problema y llegar a las soluciones, probablemente meses después.

Práctica en equipo. Inspección de calendarios

Todos sabemos que las reuniones abundan. Los datos que hemos seguido desde el año 2000 sobre el rendimiento de los equipos de mayor o menor rendimiento muestran que las reuniones siempre han sido un foro de colaboración deficiente.[1] Las investigaciones realizadas en veinte sectores distintos por el doctor Steven Rogelberg, psicólogo organizativo, y Otter.ai demuestran que al menos una de cada tres reuniones es innecesaria. Las empresas con en torno a cinco mil empleados ahorrarían más de 100 millones de dólares anuales si se suprimieran esas reuniones innecesarias. Las organizaciones con alrededor de cien trabajadores ahorrarían casi 2,5 millones al año. La inspección de calendarios es una revisión a fondo de las agendas para eliminar las reuniones innecesarias. ¿No hay agenda? Basta con borrarla. ¿No hay que tomar ninguna decisión? A borrarla también. Este ejercicio se hace eco de la purga en términos de agenda de Tobi Lütke, CEO de la empresa de comercio electrónico Shopify. En enero de 2023, Lütke pidió a su equipo que eliminara del calendario todas las reuniones recurrentes de más de dos personas. Animó a su equipo a rechazar otras reuniones, salir de los grandes grupos de chat y adherirse a la política de «miércoles sin reuniones». En total, se eliminaron 76.500 horas de reuniones. Desde entonces, Shopify ha ido más allá y ha añadido una aplicación de costes de reuniones a su calendario que calcula la factura de una reunión en función de su duración y del coste medio de los asistentes. «Nadie en Shopify se gastaría 500 dólares en una cena —dice Kaz Nejatian, director de operaciones—, pero muchísima gente gasta mucho más que eso en reuniones en las que no se llega a tomar decisión alguna».[2] Shopify se une a empresas como Dropbox, que fueron, más allá del debate sobre dónde trabajamos, hacia la reestructuración de cómo se hace el trabajo.

Práctica en equipo. Programar la preparación asíncrona

La gente suele preguntar: «¿Y cómo encontramos tiempo para todo este nuevo trabajo previo? Si apenas tengo tiempo para lo que estoy haciendo ahora». Programar de forma asíncrona en el calendario es tan importante como asistir a una reunión, si no más. Para cualquier tiempo que necesites dedicar a la preparación asíncrona, el pensamiento creativo, la revisión o el pensamiento estratégico, necesitas asignar tiempo específico en la agenda. Todos sabemos que la alternativa es que, de no hacerlo, acabemos teniendo que dedicar ese tiempo por las noches o durante los fines de semana, lo que a menudo no se hace. Es la razón por la que a menudo asistimos a las reuniones sin estar preparados, aunque la lectura previa haya estado disponible con antelación. Hacer hueco en la agenda te permite ver cómo trasladarlo a horas de trabajo y comprobar cuánto tiempo te lleva, lo que es significativo. Hacer uso con éxito de este nuevo sistema de colaboración ahorrará gran cantidad de un tiempo que antes se dedicaba a reuniones, como han puesto de manifiesto tantos líderes. Y, lo que es más importante, nos dará resultados mejores y más rápidos. Tú y tus compañeros de equipo seréis cada vez mejores a la hora de calcular lo que realmente se necesita para hacer todas estas cosas y quién necesita cuánto para cada cosa. A algunos les lleva una hora lo que a otros treinta minutos. E informar a los que enviaron la sugerencia (quienes, por cierto, tienen que decirte lo que creen que llevará para que puedas hacerte una idea) de cuánto tiempo ha llevado el proceso puede ayudarles a afinar mejor en el futuro. Todos acabamos aprendiendo. Tenemos que respetar el tiempo asíncrono tanto como el de reunión, pero no más.

Tenemos que acabar con el mito de la reunión

Todos los días hay un equipo en algún lugar tomando decisiones sin haber escuchado las mejores y más brillantes ideas. Todos los días hay un equipo que no tiene tiempo para dedicárselo a la estrategia y al pensamiento creativo («Otra reunión», se dirán). Nuestra investigación echa por tierra el mito, que se ha creído durante mucho tiempo, de que la colaboración solo tiene lugar en una reunión. Demasiados equipos se afanan bajo esta creencia errónea de que, si se incluye a más gente, las decisiones se ralentizarán y los resultados se diluirán de algún modo: a más voces, más ruido y durante más tiempo. Esto, sencillamente, no es cierto. Nuestros datos muestran que se reconoce demasiado poco que en la actualidad trabajamos en red y que debemos trabajar sistemáticamente con las partes interesadas externas que son fundamentales para nuestro éxito. Una mayor participación en la toma de decisiones puede dar lugar a decisiones más audaces y rápidas. Nunca antes había sido tan accesible como en un mundo laboral cada vez más híbrido y remoto.

7

Un equipo ágil y ejecutivo

Regla:
Nuestra forma de trabajar debe ser ágil.

Los veteranos de IBM decían que nunca podría hacerse y que incluso era una locura intentarlo, pero Arvind Krishna, CEO de la compañía, se fijó el audaz objetivo de eliminar la división de ventas entre *software* y consultoría, que IBM había mantenido durante cuarenta años, y crear un nuevo modelo de comercialización conectado, más sencillo y eficaz en tan solo seis meses. Krishna no ve la transformación organizativa como un proceso largo y lento. Como tantos otros líderes que aparecen en este libro, es ingeniero de formación y defensor de la agilidad no solo para el desarrollo de *software*, sino para toda la empresa en general. «No es el instinto de la mayoría de los ejecutivos operar de forma ágil, porque lo que probablemente los ha llevado a tener éxito y los ha colocado en puestos directivos es que han sido capaces de progresar e innovar proponiendo un resultado empaquetado con un lazo alrededor y presentándoselo al jefe —dice Krishna—. El instinto más natural es no mostrar el proceso. Lo ágil se celebra cuando todo el mundo puede ver lo que no es tan bonito por el camino». Eso es precisamente lo que pidió al equipo ejecutivo de IBM.

La transformación de la salida al mercado afectaría a todos los aspectos de las operaciones de IBM, desde las finanzas hasta en I+D y el servicio de atención al cliente. No se trataba solo de un proyecto de ventas. Con un enfoque ágil, se formaron primero equipos multidisci-plinares, con talento de toda la empresa, para abordar los grandes baches que había que salvar. No era un proyecto que pudiera hacerse en silos. «Mantuvimos reuniones quincenales —reconoce Rob Thomas, vicepresidente sénior de *software* y director comercial de IBM—. Creo que fue una gran demostración de cómo los líderes de muy alto nivel podían recorrer el proceso desde el principio reconociendo lo siguiente: "Sabemos que tenemos un problema; probablemente tengamos que alinearnos con el problema que todos pensamos que tenemos. Está bien que no tengamos ni idea de cómo resolverlo, pero vamos a comprometernos a dar forma a un proceso que sabemos que lo resolverá"». Luego, las sesiones quincenales se centraron más en compartir el compromiso real, identificar las lagunas, reconocer lo que tiene que venir después. «¿Qué hemos conseguido? ¿Qué se ha interpuesto en el camino? ¿Qué tenemos que hacer dentro de dos semanas?».

Nickle LaMoreaux, directora general de recursos humanos de IBM, que se unió a uno de estos equipos, dijo que lo bueno de aprovechar la agilidad en esta gran misión era dividir los problemas complejos en partes y plazos manejables. LaMoreaux afirmó: «No estamos en una sala de conferencias intentando resolver el hambre en el mundo, como hemos hecho en el pasado. Estábamos dividiendo los problemas en partes tangibles y claras con plazos cortos y grupos diversos de personas, inclusivos y relevantes. Esta dinámica también facilita reclutar a las personas adecuadas. No tienes que agobiarte y preocuparte de todo en seis meses. Hablemos ahora mismo de lo que vamos a hacer para grandes clientes en nuestros principales mercados y, una vez que tengamos una visión del estado final, desglosémoslo en las próximas dos a cuatro semanas de trabajo con resultados claros centrados en el cliente». Uno de los resultados del proceso fue una importante y lograda alineación organizativa en torno a los objetivos del equipo de ventas y la medición de su rendimiento, lo que supuso un nuevo nivel de transparencia. Lo más importante fue que el nuevo plan de comercialización tuvo éxito y generó un crecimiento de las ventas. En 2022, los ingresos por *software* de IBM aumentaron un 12 %; los de consultoría, un 15 %, y los de infraestructura, un 14 % con respecto al año anterior. «Cuando hablamos con algunos antiguos empleados de IBM sobre la dirección que estábamos tomando, todos nos decían que sería un fracaso colosal, que estábamos locos y que no teníamos ni idea de dónde nos estábamos metiendo —reconoce Thomas—, pero las ventas se aceleraron durante el proceso de cambio. Ni siquiera hubo un bajón y las cosas volvieron a su cauce. Hubo aceleración en todo momento».

Los orígenes

Cuando un pequeño grupo de profesionales de la informática redactó el Manifiesto Ágil original en una estación de esquí de Utah en 2001, pretendían responder a la creciente demanda de *software* y a la necesidad urgente de acelerar drásticamente los lentos, jerárquicos y burocráticos procesos de producción y revisión que hacían que el *software* fuera redundante cuando se terminaba de codificar. Se estaba fallando a los clientes. Ahora, líderes de IBM como Krishna están aplicando principios ágiles en muchas otras tareas —no solo para el desarrollo de *software*— para satisfacer las mismas constantes demandas del volátil entorno laboral actual. No podemos seguir abordando los programas de cambio y transformación estratégicos con la gestión lenta, jerárquica y de mando y control del pasado. Los estudios demuestran que dos de cada tres empresas de Fortune 500 se han visto obligadas a abandonar importantes programas de cambio estratégico.[1] Sin embargo, a pesar de que muchas compañías tienen prácticas ágiles profundas en sus grupos de tecnología e ingeniería, relativamente pocos líderes han utilizado los principios ágiles a nivel de equipo. Esto es un gran fallo.

La excepción fue que, durante la pandemia, se consiguió algo extraordinario: todos teníamos que ser ágiles por necesidad. Nos vimos inmersos en lo que yo llamo «la crisis ágil». Con una de las mayores aerolíneas, habíamos estado facilitando *sprints* ágiles trimestrales destinados a reinventar fundamentalmente el sector de los viajes. Cuando llegó la pandemia, se pasó a *sprints* diarios para poder sobrevivir. Cada día, este equipo ejecutivo se reunía y reflexionaba sobre lo que habían conseguido el día anterior, los puntos débiles, lo que habían aprendido y lo que era nuevo en muy diversos aspectos, y luego, con toda esa nueva información, actuaban según fuera necesario y se comprometían con lo que iban a hacer al día siguiente. En Detroit, un amigo mío de una gran empresa industrial de automoción dijo: «En crisis es cuando mejor estamos». De hecho, sabemos que es entonces cuando desarrollamos una mayor empatía y nos unimos y vinculamos con mayor profundidad. Colaboramos más libremente para resolver las cosas. Nos empoderamos mutuamente y dejamos a un lado la jerarquía y los silos. Pero, como en todas las crisis, la forma en que lo estábamos haciendo durante la pandemia requería de demasiada energía y era insostenible, lo que despertó la necesidad de centrarse más en la salud mental y en la resiliencia de equipo. La cuestión es que, si reinventamos el proceso de trabajo, podemos dar lo mejor de nosotros mismos: podemos adaptarnos radicalmente, pero de un modo sostenible que aumente la flexibilidad, la colaboración, la velocidad y la capacidad de hacer de la transformación algo normal y cotidiano, una constante. Esta es la forma de trabajar que nos convierte en equipos de ensueño.

Simplificar la agilidad

Para el 80 % de las empresas que intentan adoptar la agilidad a gran escala, en algún momento se topan con resistencia debido a la complejidad y el rigor del proceso, ya que a menudo se enseña hasta su plena aplicación. Aunque eso puede no ser un problema para el trabajo meticuloso del *software* o en lo relativo a la gestión detallada de proyectos de fabricación, suele serlo cuando se intenta aplicar en toda una empresa. La metodología puede presentarse en diferentes formas, con distintos grados de burocracia y profundidad, pero vamos a dejar que la adopción de niveles más profundos de ejecución ágil dependan de quienes obtengan éxito de lo que aprendan y quieran más. Por ello, y por ahora, vamos a simplificar e introducir algunos elementos clave que hacen que cualquier equipo sea más radicalmente adaptable en el cambiante mundo actual.

Prácticas de trabajo en equipo

Tras completar el diagnóstico y establecer la regla, siete prácticas de trabajo en equipo apoyan el cambio a la agilidad como nueva forma de afrontar el trabajo:

1. **Crear un informe centrado en el cliente y sin perder de vista la agilidad.** Es el punto de partida de los equipos ágiles: ¿cuál es la mejor solución para el cliente?
2. *Sprints*. La práctica clave de dividir proyectos complejos en *sprints* de trabajo menores y más sencillos.
3. **Pruebas de esfuerzo del *sprint*.** Añadir la práctica de trabajo en equipo a través de la prueba de esfuerzo, que encontramos por primera vez en el capítulo 3, a una revisión del *sprint* al final de un ciclo de entrega conlleva una cultura de desafío que no se ve a menudo.
4. **Pruebas de esfuerzo ágiles asíncronas.** Programar reuniones periódicas puede suponer un reto para los equipos internacionales que trabajan en distintos husos horarios. Compartir informes y documentos de forma asíncrona, como se describe en el capítulo 6, permite a los equipos realizar pruebas de esfuerzo y ofrecer comentarios sinceros y de apoyo.
5. **Capacitar a los equipos entre *sprints*.** El tiempo entre *sprints* es una oportunidad para que los miembros de los equipos mantengan conversaciones sobre cómo mejorar para el siguiente ciclo de entrega.

6. **Cinco minutos de previsión**. Una sencilla práctica mensual para ayudar a tu organización a anticiparse constantemente.
7. **Gobernanza de las decisiones**. Tomar grandes decisiones en equipo a gran velocidad requiere un proceso claro cuando se desea una colaboración audaz e inclusiva a través de una organización en red: quién dirigirá el proceso, a quién se consultará, a quién se informará y quién tomará la decisión final.

Diagnóstico ágil

Primer paso. Debate en equipo sobre la nueva forma de trabajar
El paso para ganar en agilidad consiste en dividir el trabajo en *sprints* cortos y ambiciosos para, luego, preguntarse lo siguiente: ¿estamos implicando en el progreso a los mejores miembros de nuestros equipos para asegurarnos de que nos estamos manteniendo fieles a los objetivos? ¿Estamos haciendo un verdadero progreso? ¿Hemos pasado por alto algún riesgo u oportunidad, o bien han surgido fuerzas del mercado ante las que alguien podría ayudarnos para no desviarnos del buen camino? ¿Necesitamos adaptarnos para cumplir nuestro objetivo? ¿Medimos nuestro progreso en resultados y adherencia, o solo en análisis o trabajo realizado? ¿Somos sinceros con nosotros mismos y con la opinión de los demás sobre en qué nos cuesta pedir ayuda? ¿Recibimos aportaciones con respecto a nuestro progreso y nuestras hipótesis? ¿Estamos realmente trabajando en equipo y construyendo nuestro PAR, e invitando a todos los que necesitamos para cumplir con las prioridades A, B y C?

Con este método de trabajo basado en la agilidad, el trabajo de cada equipo es innovar y crear cada vez más valor para el cliente, y rápidamente. Hablando con el doctor Michael Ackerbauer, el líder de transformación del negocio de IBM, lo que mejor funciona con el enfoque ágil de la empresa es su sencillo planteamiento basado en tres principios:

1. Claridad de los resultados.
2. Posibilidad de replicar, por encima de la perfección.
3. Autodirección para dar rienda suelta a la innovación.

Los líderes pueden seguir algunos mensajes realmente sencillos. Siempre necesitamos una guía hacia la que mirar al final de cada *sprint*: un resultado claro. No se trata de perfección, sino de ser capaces de adaptarnos e ir acercándonos a nuestro objetivo. Además, adoptar este enfoque requiere (permite, en realidad) que los líderes dejen de gestionar por sí mismos las operaciones y dediquen más tiempo a definir los resultados y expectativas que impulsarán las soluciones y decisiones de su equipo. Cuando se hace bien, liderar con agilidad no significa dejar de lado el control, significa modernizarlo.

Segundo paso. Pregunta de diagnóstico
Todos los miembros del equipo deben puntuar de 1 a 5 la siguiente afirmación (1: Totalmente en desacuerdo; 2: En desacuerdo; 3: Ni en desacuerdo ni de acuerdo; 4: De acuerdo; 5: Totalmente de acuerdo):

• Adoptamos principios ágiles en nuestro proceso de trabajo, priorizamos de manera constante y nos adaptamos a la nueva información y a las distintas demandas.

El diagnóstico lo debe administrar un miembro del equipo que se considere imparcial y de confianza, ya que la puntuación es anónima y no se atribuirá a personas concretas. Puedes utilizar una herramienta de encuesta en línea.

Regla y hábitos

La simple regla para adoptar la nueva forma de trabajar en equipo es esta: «Nuestra forma de trabajar debe ser ágil». Se debe poner en práctica en un lapso de un mes y, a partir de entonces, practicarla con regularidad, lo que supone una oportunidad de disponer de un espacio para hablar sobre dónde pueden haberse descarrilado las cosas, para comprobar que se están cumpliendo los nuevos cambios de comportamiento y que se están aplicando las prácticas de trabajo en equipo.

Práctica de trabajo en equipo. Creación de un informe centrado en el cliente y que llame a trabajar de manera ágil

El proceso ágil comienza y se sustenta en una noble misión: el problema que tiene el cliente y que hay que resolver. Satisfacer al cliente se describía en la primera línea del Manifiesto Ágil original como «la máxima prioridad».[2] En el caso de Krishna, se trataba de crear un enfoque coherente de resolución de problemas en toda la organización de IBM para las necesidades de los clientes, no diferentes enfoques de equipos distintos. Centrarse en el cliente (ya sea un cliente interno, una parte interesada o un cliente externo) crea la sensación de misión conjunta para el equipo durante todo el proyecto. Es el punto de partida y la guía que debe regir cuando hay dudas sobre la dirección o los pasos siguientes. Todo el mundo debe hacerse la misma pregunta: «¿Cuál es la mejor solución para el cliente?».

A la hora de crear un informe centrado en el cliente, la claridad de los resultados es esencial:

- ¿Qué queremos conseguir exactamente para el cliente?
- ¿Cuáles son los objetivos que se pueden evaluar?
- ¿Cuál es el alcance del trabajo?
- ¿Cuáles son los plazos?

Es una oportunidad obvia para aprovechar los datos, pero también el momento de incluir en el equipo a los asociados de *marketing*, ventas y atención al cliente, y para realizar pruebas de esfuerzo. Parece sencillo, pero todos los miembros de un equipo multidisciplinar deben comprender quiénes son los clientes finales, qué problemas tienen y qué soluciones satisfacen mejor sus necesidades en este momento. Como algunas funciones empresariales tienen poco contacto con los clientes, puede que no sea obvio o que no haya una visión coherente en toda la empresa. Es vital crear esa claridad dentro del equipo desde el principio: «¿A quién servimos? ¿Cómo podemos servirles mejor?».

Las compañías B2B pueden ir más allá. Las relaciones cruciales se mantienen tanto fuera de la empresa como dentro de la organización, por lo que profundizar en las que hay con proveedores y grupos de clientes puede proporcionar fuentes de información y conocimientos externos que nunca antes se habían puesto de manifiesto. Los clientes deben formar parte del *teaming out* y de nuestro plan de acción de relaciones. Incluso podemos invitar a clientes reales a participar en las pruebas de esfuerzo y recabar directamente valiosas aportaciones y puntos de vista. Deberíamos atraer a los clientes al equipo si nuestra pregunta de partida al formar los equipos está orientada a un objetivo, y ese objetivo está centrado en el cliente.

Práctica de trabajo en equipo. Sprints

Si el primer paso del enfoque ágil de IBM, basado en tres principios, era la transparencia de los resultados y la creación de unas instrucciones claras, el segundo era la posibilidad de replicar el enfoque por encima de la perfección. La práctica clave del éxito de la metodología ágil consiste en dividir un proyecto complejo que podría durar muchos meses en *sprints* de trabajo más pequeños, más sencillos y menos desalentadores, que duran entre dos semanas y un mes, en función del trabajo que haya que hacer. Esto también garantiza que se realicen pruebas de esfuerzo periódicas y los ajustes necesarios a lo largo del proceso, de modo que haya más garantías de mantener el rumbo hacia los resultados previstos. Los *sprints* de éxito tienen estas características comunes:

1. **Un gran informe**. Sin el informe inicial centrado en el cliente descrito anteriormente, el equipo no tiene una buena guía que seguir. La creación del informe es el pistoletazo de salida del «*sprint* cero», cuando el equipo multidisciplinar puede poner a prueba las hipótesis de trabajo de un informe para tener claro lo que se va a entregar, quién lo va a hacer y cuándo.

2. **Alta priorización**. Hay una diferencia entre lo que es urgente, lo que es importante y lo que supone ambas cosas. Ser capaz de centrar la atención en las tareas más urgentes y de mayor valor que componen el *sprint* es el atributo clave en los equipos ágiles de mayor éxito.

3. **La posibilidad de seguir avanzando**. Las reuniones rápidas —diarias si es necesario, según las requiera el ritmo del cambio— durante el *sprint* pueden hacer que el equipo siga avanzando. Las reuniones han de ser breves, y su objetivo, comprobar si han cambiado las prioridades o si es necesario tomar una nueva dirección del proyecto. En las reuniones diarias se suelen plantear tres preguntas centradas en el cliente a cada miembro del equipo:

   - ¿Qué creación de valor he aportado desde la última vez que nos reunimos?
   - ¿En qué creación de valor estoy trabajando hoy?
   - ¿Dónde necesito ayuda para asegurarme de que estoy maximizando la creación de valor?

   Esta actualización rápida pretende que los miembros del equipo se asignen tareas a sí mismos (este es el tercero de los principios ágiles básicos de IBM), identifiquen cualquier obstáculo y busquen apoyo.

4. **Revisiones de *sprints***. Al final del ciclo de entrega, las partes interesadas deben revisar el progreso con respecto al plan original. En el centro de la revisión del *sprint* se encuentra la prueba de esfuerzo, la siguiente práctica de trabajo en equipo.

Práctica de trabajo en equipo. Pruebas de esfuerzo del sprint

Hace muchos años, cuando me encontré por primera vez con la metodología ágil, tomé prestada la idea de las reuniones en las que los asistentes dicen: «Esto es lo que he hecho, aquí es donde estoy luchando/lo que he aprendido y esto es lo que pretendo hacer a continuación». Incluí la idea en las pruebas de esfuerzo, la práctica que vimos por primera vez en el capítulo 3. Pero la diferencia entre una reunión *durante un sprint* y las pruebas de esfuerzo *en la revisión del sprint, al final*, es que la reunión es solo entre el equipo ágil y las pruebas de esfuerzo tienen lugar a la hora de poner sobre la mesa los compromisos de entrega de todas las partes interesadas. Las personas clave en la validación de la prueba de esfuerzo y de lo que se ha conseguido en el ciclo de entrega son, por supuesto, los propios clientes o su representante. Al añadir la prueba de esfuerzo a una revisión del *sprint* al final de un ciclo de entrega, estamos extrayendo un alto grado de cultura de desafío y el valor que supone ofrecer un *feedback* sincero, lo que no se ve a menudo en las reuniones.

Práctica de trabajo en equipo. Pruebas de esfuerzo ágiles asíncronas

Un importante fabricante industrial de productos de gran consumo llevaba muchos años comprometido con la metodología ágil, pero, en calidad de empresa global, le resultaba difícil programar reuniones periódicas de los equipos en distintas zonas horarias. Adoptaron la prueba de esfuerzo asíncrona, descrita en el capítulo 6. Esto permitió a cada líder de *sprint* distribuir un informe en vídeo a todos los miembros del equipo —y a todas las partes interesadas en general—, junto con un documento que incluía los retos y las ofertas de apoyo, con el fin de obtener comentarios mucho más sinceros durante el día siguiente, respetando así las zonas horarias de las personas.

Hay un beneficio añadido de las pruebas de esfuerzo en las revisiones del *sprint* al final del ciclo de entrega. Si la prueba se lleva a cabo de forma asíncrona y se comparte con las partes interesadas más allá del equipo multidisciplinar que trabaja en el proyecto, existe una oportunidad para un aprendizaje más distribuido, la transferencia de conocimientos y una mayor alineación. Las lecciones, ideas y problemas encontrados y superados por el equipo se comparten más ampliamente en la organización, en lugar de limitarse al equipo. Se trata de una forma sencilla de compartir conocimientos y alinearse dentro de una matriz organizativa.

Práctica del espíritu de equipo. Capacitar a los equipos entre sprints

¿Qué ha aprendido el equipo durante el *sprint*? Si comparamos lo que hemos hecho con el objetivo y las necesidades del cliente, ¿qué haríamos de forma diferente la próxima vez? ¿Estamos haciendo el trabajo correcto? ¿Qué es lo que no conseguimos hacer? ¿Cuáles son las cosas que decidimos no priorizar y poner en nuestra lista de tareas pendientes? El tiempo entre *sprints* es una oportunidad para que el equipo converse abiertamente sobre cómo mejorar para el siguiente ciclo de entrega. ¿Cómo nos ha funcionado el proceso? ¿Estamos haciendo bien el trabajo? El debate en torno a estas preguntas permite al equipo saber que puede mejorar en lo que traten de conseguir. No necesitan que un líder les haga responsables de mejorar. Incorporar este proceso de reflexión sincera forma parte del contrato de responsabilidad entre iguales del trabajo en equipo. Se ajusta al patrón de comportamiento del equipo a lo largo de todo el *sprint*: en cada reunión y prueba de esfuerzo, se pregunta a los miembros del equipo: «¿Cómo puede ser mejor este proyecto? ¿Cómo podemos crear más valor? ¿Cómo podemos hacer un mejor trabajo para nuestros clientes?». Optar por una solución mejor es siempre lo mejor porque se trata de la opción correcta para los clientes.

En cuanto a los líderes, ya hemos señalado que no deben gestionar al milímetro los equipos ágiles, sino que han de plantear preguntas estratégicas y reflexivas en los momentos de revisión, como estas:

- ¿Qué hemos conseguido en las dos últimas semanas?
- ¿Dónde hemos tenido problemas y por qué?
- ¿Qué ha cambiado en todas las dimensiones clave?
- ¿Necesitamos centrarnos en algo en concreto?
- ¿Qué conseguiremos en las próximas dos semanas?
- ¿Cómo podemos medir los resultados?

El objetivo es siempre mejorar el comportamiento y los procesos y, en última instancia, los resultados para el cliente en el siguiente *sprint* de trabajo.

Práctica de trabajo en equipo. Cinco minutos de previsión

Como expliqué en mi libro *Competing in the New World of Work*, nuestros estudios muestran que solo el 25 % de las empresas de Fortune 500 tienen algún tipo de práctica regular de previsión en equipo; la mayoría carece de un proceso para detectar peligros en el camino u oportunidades para mejorar e ir más rápido. La previsión es la capacidad sistemática de explorar nuevas posibilidades de ruptura para evitar riesgos y encontrar alguna forma de crecimiento. Existe una práctica realmente sencilla para ayudar a tu organización a anticiparse:

1. Reserva una parte de tu agenda mensual para dedicar cinco minutos a la previsión. A cada miembro de tu equipo se le ha asignado la tarea de investigar sobre un punto de vista en torno al riesgo y la oportunidad. Uno se fijará en los cambios de los clientes. Otro analizará los cambios tecnológicos. Otro estudiará las políticas macroeconómicas o la competencia, o cualquier otro punto de vista. Con el tiempo, incluso habrá formas de IA asignadas a abordar estos puntos de vista.
2. A continuación, pregúntate: «¿Qué riesgos y oportunidades necesitamos para pasar potencialmente al análisis?».

3. Esta debería ser la forma de actuar y abordar la respuesta verbalmente o, aún mejor, puedes compartirla de antemano en un documento.

En Lockheed Martin, antes del cierre por la covid en Estados Unidos en 2020, alguien dijo: «He estado leyendo algunos blogs sobre un virus en China. Es un riesgo que tal vez debamos evaluar». Lo debatieron en otra reunión de evaluación y lo trasladaron a una reunión de planificación. En febrero, habían abandonado las oficinas y se habían pasado a trabajar de manera totalmente virtual. La previsión mediante múltiples puntos de vista es una gran oportunidad para adelantarse a los problemas antes de que lleguen.

Práctica de trabajo en equipo. Gobernanza de las decisiones

Una buena toma de decisiones en equipo, que sea audaz e integradora ante la gran velocidad de los cambios en el entorno actual, exige un proceso estándar. La colaboración entre iguales no significa que alguien no tenga que tomar una decisión final, ni que todo tenga que funcionar por consenso. De hecho, tenemos claro que no creemos en el consenso, sino en la toma de decisiones a partir de opiniones amplias y diversas. Esto exige claridad sobre quién tomará la última palabra. Los equipos de primera categoría, como Amazon, utilizan marcos como DACI (siglas en inglés que aluden a quien conduce, quien aprueba, quien contribuye y quien informa) para asegurarse de que todo el mundo tiene claras sus funciones y responsabilidades en la toma de decisiones, así como documentan quién desempeña cada función en un documento compartido. Esto debería formar parte del debate de cualquier equipo ágil.

Así es como funciona.

- **Quien conduce**: es la persona responsable de que todos los participantes en el proceso dispongan de la información que necesitan en el momento adecuado para participar, y de que las acciones y los pasos siguientes se completen a tiempo.

- **Quien aprueba**: es la persona designada para tomar la decisión final.
- **Quien contribuye**: miembro clave del equipo y parte interesada que participará en el proceso ágil y ayudará a dar forma a la decisión final tomada por la persona que aprueba a través de la participación en los encuentros, el CPS y las pruebas de esfuerzo.
- **Quien informa**: persona que se verá afectada por la decisión final y que necesita estar al tanto del proceso y de los siguientes pasos tras el resultado; es mejor que haya participado en las pruebas de esfuerzo, ya que compartirá los riesgos y la innovación más cercanos al propio trabajo.

Como equipo de coelevación en el que se comparte la carga del liderazgo, el papel de quien aprueba no lo desempeña necesariamente el líder. En su lugar, puede ser el ejecutivo que patrocina el proyecto en cuestión o que dirige la división en el centro de un programa de transformación o una iniciativa de innovación.

Reestructuración del futuro del trabajo

Pocos directivos se dedican a dar forma al comportamiento de sus equipos y a la cultura de sus empresas. Pero los que lo hacen suelen ser ingenieros, como Arvind Krishna en IBM, que no solo se dedican a la concepción meticulosa de sus productos, sino también de sus procesos y formas de trabajar. Se trata de ese escaso 15 %. Y siempre cosechan enormes recompensas para ellos, ya sea Drew Houston, que era informático, o Patti Poppe, ingeniera industrial. Lo que demuestra el trabajo de Krishna en IBM es que la agilidad ya no es una metodología solo para equipos informáticos, es la forma de trabajo que todos los equipos necesitan para adaptarse radicalmente en el cambiante mundo actual.

8

De una cultura de escasos elogios a otra de celebración y reconocimiento

Regla:

Celebramos nuestros logros mutuamente.

Es difícil imaginar el comienzo de un nuevo trabajo en un momento con menos motivos de celebración que el primer día de Carol Clements. Cuando se incorporó a JetBlue como directora digital y de tecnología, en plena pandemia de la covid, la compañía tenía una flota de setenta aviones varada. Sin embargo, la aerolínea —de tarifas asequibles— tenía planes ambiciosos para aumentar su cuota del 5% del mercado estadounidense. De todas las cosas que podrían haber llamado la atención de Clements, había en su bandeja de entrada una encuesta sobre el compromiso de los empleados en la que se señalaban la baja moral del equipo, la fatiga y la falta de reconocimiento de los empleados. Eran problemas que habían expresado los profesionales de los servicios informáticos de la organización, problemas a los que se enfrentan muchas organizaciones, pero que sin duda se ampliaban en un entorno como el de la pandemia. Su equipo tenía la sensación de estar demasiado entre bastidores y de que la empresa en general no siempre comprendía o veía sus contribuciones —«una caja negra», en palabras de Clements. No podía no hacer nada. Como muchos líderes tecnológicos al principio de la pandemia, Clements y su equipo se enfrentaban a la presión de ofrecer una tecnología que pudiera ayudar a la empresa a sobrevivir a los efectos de la covid y a hacerlo más rápido que nunca. Todo el mundo se sentía cansado, frustrado y temeroso. Pero la experiencia de Clements, tanto dentro del sector de los viajes en Southwest Airlines como fuera de él como directora de tecnología de Pizza Hut, le había enseñado que primero tenía que *llenar el depósito* de su equipo antes de lanzar la transformación tecnológica necesaria para impulsar a JetBlue a través de la pandemia a fin de que saliera posicionada para el éxito. También sabía que no se trataba solo de una muestra de unión y apoyo por su parte como miembro de la cúpula de la compañía. Su forma de actuar tenía que ser más rica, más profunda, más visible y posicionarse en primera línea, donde trabajaba la gente, teniendo en cuenta a la empresa en su conjunto. Clements afirmó: «No es infrecuente en los servicios informáticos, pero nuestro equipo no estaba seguro de su contribución al conjunto de la empresa o a iniciativas más amplias. Irónicamente, todo acabó siendo positivo porque resulta una historia muy fácil de contar». Del mismo modo que un líder puede crear un nuevo contrato social en torno a un equipo que se apoya mutuamente, Clements sabía que tenía que crear un esfuerzo de grupo para que todo el equipo se diera cuenta del duro y excepcional trabajo que se estaba llevando a cabo. Clements lo planteó al equipo ejecutivo de JetBlue y luego hizo un llamamiento personal a sus nuevos socios de fuera del departamento para que entendieran y expresaran a su personal clave: «Así es como nos estáis ayudando a cumplir las prioridades estratégicas de JetBlue, y os estamos muy agradecidos». Aquello marcó una diferencia enorme, porque el equipo empezó a sentir que su trabajo era importante no solo para sus compañeros, sino también para los clientes. «No me limito a hacer lo que mi jefa quiere que haga solo para contentarla; a fin de cuentas, lo que hago es importante para cada uno de nuestros veinticinco mil tripulantes y cada uno de los clientes de JetBlue. La gente reconoce lo que estamos haciendo». Todo sucedió de manera rápida, y ese refuerzo no podría haber llegado en un momento más importante. Quién iba a decir que lo que se pensaba que iba a ser una desaceleración de unos pocos meses acabaría siendo de varios años y una crisis de talento.

A partir de ahí, Clements pudo empezar a establecer una cultura de la celebración y reconocimiento entre su grupo informático, lo que sabía que era el núcleo del éxito de las operaciones en un ambiente de gran demanda y estrés. Comenzó con el proceso de contratación. En el momento de la incorporación, empezó a hacer dos preguntas que compartía ampliamente con el nuevo equipo en el que se incorporaría esa persona:

- ¿Qué te motiva?
- ¿Cómo te gusta que te reconozcan?

«Quiero que todo el equipo sepa qué es lo que hace que sus compañeros se levanten de la cama cada día y qué les entusiasma de su trabajo —reconoce—. ¿Qué les hace sentir que están haciendo un buen trabajo y que se les valora? Eso suele suscitar una buena conversación entre el equipo y el nuevo candidato desde el principio. A partir de ahí, pido al equipo que recuerde estar en sintonía para adaptar el reconocimiento a cada uno». No se trata de pasar una nota formal a recursos humanos. Clements se ha comprometido a tener muy en cuenta las respuestas para su equipo de liderazgo ampliado, las modela y hace de ellas un modelo para los demás. Para algunos miembros, lo que importa y alimenta el espíritu de equipo es el reconocimiento y el momento de celebración con los compañeros cuando los líderes de JetBlue se encuentran reunidos. Para otros, la celebración debe ser algo más discreto. «Tengo una líder en particular que es muy muy humilde y nunca quiere llamar la atención —dice Clements—. Le encanta que su equipo sea el centro de atención. Pero los líderes tienen que entender que su reconocimiento personal también puede dar un impulso al equipo. Así que, de vez en cuando, la empujo fuera de su zona de confort porque quiero que ella también reciba el reconocimiento que se merece delante de la gente». Mirando hacia atrás, los datos de JetBlue sugieren que el enfoque de Clements sobre la celebración y el reconocimiento ha tenido un impacto significativo en la retención del talento tecnológico en la empresa. Las bajas voluntarias han disminuido un 40 % con respecto a 2021 y se encuentran en su nivel más bajo en cinco años. Las bajas del personal con más valor se redujeron un 65 % en el mismo periodo y también se situaron en el nivel más bajo de los últimos cinco años. Las encuestas al personal han mostrado que el reconocimiento ha pasado de ser un importante detractor del compromiso a ser un promotor del mismo. «Vamos en la buena dirección —afirma Clements—. Todavía queda trabajo por hacer: estoy muy orgullosa, pero no estoy segura de estar nunca plenamente satisfecha. Siempre hay oportunidades para hacer un trabajo aún mejor apoyando a nuestra increíble organización de servicios informáticos».

Aplaudir a los corredores durante la carrera

Nuestros estudios demuestran que los equipos no lo celebran lo suficiente. Los líderes son duros consigo mismos, sobre todo los emprendedores (sé que yo siempre lo he sido) y, en consecuencia, pueden ser igual de duros con los demás (también sé que siempre lo he sido). Constantemente presionan a sus equipos para que se esfuercen por conseguir más. Nuestros estudios demuestran que el 79 % de las personas que abandonan una organización citan la falta de reconocimiento como la razón principal por la que deciden marcharse y seguir su carrera profesional en otro lugar. El 40 % de los empleados afirman que nunca reciben reconocimiento en el trabajo. Incluso el 50 % de los directivos admiten que no reconocen como deberían a los artífices de un rendimiento sobresaliente. Pensemos en el trabajo como en una maratón que corremos todos juntos. A lo largo de ella, ¿cuántas personas salen a la calle a aplaudir, animar y aportar energía a los corredores para que vayan más rápido? Los que cruzan la línea de meta al final reciben aliento, pero ¿cuántas personas habrían llegado tan lejos sin los ánimos y las celebraciones durante el trayecto?

Una pregunta habitual de los líderes es la siguiente: «¿Debo celebrar a alguien que no lo está haciendo tan bien?». La respuesta es que sí. Si alguien tiene dificultades y no lo celebras, lo acabas hundiendo. Su energía se reducirá cada vez más y obtendrás cada vez menos de esa persona. Las expectativas altas y las celebraciones no son excluyentes. Puedes establecer expectativas claras para las personas incluso si estas no las están alcanzando. Pero el cambio que hay que hacer es que todo el equipo celebre y anime a quien tiene dificultades. El equipo celebra tanto lo que está logrando como aquello que quieres que logre. Los líderes que se esfuerzan a veces piensan que no debe ser así. Recuerda que los corredores de maratón necesitan aplausos todo el tiempo. Esto es especialmente importante para los miembros jóvenes del equipo, que necesitan saber que están yendo en la dirección correcta, aunque aún estén aprendiendo.

Prácticas de trabajo en equipo

Tras completar el diagnóstico y establecer la regla, cinco prácticas de trabajo en equipo y el ejercicio de diagnóstico que proponemos apoyan el cambio de una cultura de escasos elogios a la celebración y el reconocimiento entre iguales. Las prácticas de trabajo en equipo son una mezcla de acciones improvisadas, comportamientos habituales en todas las actividades de la empresa y un ciclo de reconocimientos de frecuencia semanal y mensual que crean una serie de prácticas de celebración en el trabajo en equipo:

1. **Sembrar el reconocimiento**. Una práctica improvisada pero intencionada para homenajear al personal haciendo que les lleguen elogios.

2. **Círculo de gratitud**. Una práctica de reflexión positiva al final de cada reunión.

3. **Hazañas de la semana**. Una celebración semanal de los logros del equipo.

4. **Celebración entre iguales**. Un ejercicio mensual de reconocimiento entre iguales.

5. **Celebración formal**. Celebración más tradicional, mensual, dirigida por el líder del equipo, acerca de los logros individuales.

Diagnóstico de la celebración

Primer paso. Debate en equipo sobre la celebración y el reconocimiento entre iguales
¿Sois un equipo que celebra constantemente las victorias de sus miembros, que se anima mutuamente? Muchos equipos no celebran lo suficiente, sobre todo los dirigidos por personas que son duras consigo mismas. Estos tienden a centrarse en las cosas que no se han hecho, y no en las que sí se han logrado. Los mejores ejemplos de equipos que son excelentes en el reconocimiento pertenecen a organizaciones de ventas que celebran siempre sus victorias.

Segundo paso. Pregunta de diagnóstico
Todos los miembros del equipo han de puntuar de 1 a 5 la siguiente afirmación (1: Totalmente en desacuerdo; 2: En desacuerdo; 3: Ni en desacuerdo ni de acuerdo; 4: De acuerdo; 5: Totalmente de acuerdo):

- Todos los miembros del equipo animan y celebran los éxitos de los demás.

El diagnóstico lo debe administrar un miembro del equipo que se considere imparcial y de confianza, ya que la puntuación es anónima y no se atribuirá a personas concretas. Puedes utilizar una herramienta de evaluación en línea.

Regla y hábitos

La regla del comportamiento del equipo para la celebración y el reconocimiento es esta: «Celebramos nuestros logros mutuamente». Se puede tratar de poner en marcha al mes de comenzar con las nuevas prácticas de compañerismo en equipo que se indican a continuación y, a partir de entonces, hacerlo con regularidad. Constituye una gran oportunidad de mantener un espacio para hablar de dónde pueden haberse descarrilado las cosas, comprobar que se cumplen los nuevos compromisos de comportamiento y que se aplican las prácticas de compañerismo en equipo.

Práctica en equipo. Sembrar elogios

Como líder, deja caer elogios a tu alrededor que sabes que llegarán a la persona que desees a través de gente significativa para ella: sus compañeros de equipo, su jefe, sus asociados y quizá incluso sus padres. En Ferrazzi Greenlight tuve a un joven extraordinario llamado Frank Congiu. Yo había hecho mucho para que Frank supiera que se le valoraba, pero una noche, durante una cena, me enteré de los problemas de salud de su padre y de algunas relaciones tensas que tenía en la familia. Conseguí el número de teléfono de su padre y, aunque no contestó, le dejé un mensaje de voz: «Sr. Congiu, soy Keith Ferrazzi. Su hijo trabaja para mí. Él no sabe que le llamo, pero quería felicitarle. Tiene un hijo realmente excepcional. Trabaja y supera a compañeros con más años de experiencia. Lo que ha hecho ha funcionado, y quería darle las gracias de todo corazón». Frank se enteró de esto cuando su padre le dijo entre lágrimas lo orgulloso que estaba de su hijo. No eran palabras que Frank hubiera oído antes. Años más tarde, cuando su padre falleció, Frank descubrió que había guardado ese mensaje y que lo escuchaba a menudo.

Práctica de trabajo en equipo. Círculo de gratitud

El círculo de gratitud es una práctica que se utiliza al final de cada reunión para centrarse en lo positivo y expresar gratitud por lo que acaba de ocurrir. Incorporar esta práctica es una forma de terminar las reuniones con una nota positiva. Todos se turnan y dicen lo que más agradecen de la reunión. Puedes decirle al grupo: «Bien, hace una hora entramos en esta sala. Después de este tiempo, ¿qué es lo que más agradecéis?». En este caso no es necesario que dirijas, ya que el objetivo es bastante sencillo y no requiere de guía.

Práctica en equipo. Hazañas de la semana

Una práctica sencilla que aprendí en el encuentro semanal de un equipo de ventas es pedir que se informe de las «hazañas de la semana». Se trata de las victorias clave, los movimientos estratégicos o los ejemplos de trabajo en equipo operativo en todas las funciones que hayan destacado esa semana. Se trata de enfocarse en personas o equipos concretos para elogiarlos, pero también de reforzar los comportamientos que queremos reforzar, como el pensamiento interdisciplinar y la obsesión por el cliente, que hacen falta para ganar en este mercado competitivo.

Práctica en equipo. Celebración entre compañeros

La celebración entre compañeros es una ronda de acciones que sugerimos que los equipos realicen mensualmente, en la que cada miembro del equipo comparte por turnos su agradecimiento a un compañero o a alguien del equipo de un compañero. La expresión de agradecimiento debe ser específica y es una oportunidad para reforzar los aspectos positivos del nuevo contrato social del equipo.

Para poner en marcha la celebración entre iguales:

Prográmala con tiempo. Esto permite que todos se preparen y piensen en esta práctica con antelación, incluso que pidan ideas a los miembros de su equipo. Lo ideal sería disponer de al menos 1-2 minutos por persona para compartir y 2-3 minutos para preparar el ejercicio. Si se dispone de poco tiempo, en lugar de hacer una ronda en la que todo el mundo comparta, hay que dejar claro el tiempo disponible y elegir solo algunos voluntarios para que compartan.

Encuadra el ejercicio. Explica a los participantes que tendrán la oportunidad de compartir su gratitud hacia otro miembro del equipo. Diles a los participantes que es una oportunidad para mostrar cómo aprecian el duro trabajo que sus compañeros realizan al servicio de los objetivos comunes. También es una oportunidad para forjar conexiones personales más profundas, así que ten en cuenta que no hay razón para rehuir ni lo personal ni lo profesional en la expresión de gratitud.

Invita a reflexionar en silencio. Antes de empezar, invita al grupo a detenerse un momento y reflexionar en silencio sobre aquello por lo que están agradecidos. Explícales que deben preguntarse a sí mismos:

- ¿Por quién estoy agradecido?
- ¿Por qué estoy agradecido a esta persona?
- ¿Cómo ha influido positivamente esta persona en mí o en el equipo?

Reservar este tiempo es importante, ya que permite a cada uno escuchar activamente lo que comparten los demás, en lugar de pensar solo en lo que dirán cuando les toque hablar.

Empieza a compartir. Una vez que hayas dado a los participantes un momento para pensar en aquello por lo que están agradecidos, el líder del grupo debería compartir primero su gratitud para poder indicar el nivel apropiado de profundidad y tono para el resto de los participantes.

A continuación, se presenta un ejemplo de puesta en común que ilustra el tipo de historia que se puede ofrecer para iniciar la puesta en común:

Estoy muy agradecido por la ayuda que Mónica me ha prestado esta última semana para poner en marcha la iniciativa de *marketing* que acompañará a nuestra nueva *suite* de productos basados en la nube. Como todos sabéis, soy ingeniero de *software* de formación y, aunque tengo conocimientos en *marketing* del producto, las palabras no son realmente mi punto fuerte. Mónica dedicó dos horas la semana pasada, en un día que tenía ajetreado, y profundizamos en la estrategia de *marketing* que su equipo había estado desarrollando. Me quedé muy impresionado, y al final de la conversación saqué ideas prácticas que vamos a integrar en nuestra primera puesta en marcha. También me enteré de que ella y algunas personas de su grupo salen a correr los domingos por la noche, y he decidido que me uniré a ellos. Gracias, Mónica, estoy muy agradecido por tu colaboración.

He aquí algunos consejos para evitar caer en tópicos:

- Utiliza ejemplos y narraciones breves para dotar a tu agradecimiento de mayor significado y profundidad. Este grado de personalización ayuda a no repetir los mismos comentarios y hace de la sesión un momento más rico e interesante.
- Ofrece detalles sobre cómo la persona creó un impacto positivo. Esto enriquece el *feedback* y hace que una muestra de agradecimiento pueda resultar en algo de lo que otros puedan aprender y replicar.
- Reduce al mínimo las interrupciones. Es fundamental que las personas expresen su gratitud sin interrupciones; no es el mo-

mento de que los participantes se hagan preguntas unos a otros. Aunque está bien hacer comentarios, anima a tus colegas a que sean breves y mantengan un tono positivo, y a que intervengan cuando la persona en cuestión haya terminado de hablar.

- Reconoce los avances de los demás. Anima a los participantes a considerar la posibilidad de compartir su gratitud por cómo viven sus compañeros sus compromisos y se responsabilizan de los resultados.

Práctica del espíritu de equipo. Celebración formal

También es muy importante programar celebraciones formales de los esfuerzos y logros de los compañeros de equipo. De este modo, cada mes se establece una norma sobre lo positivo, lo que debe celebrarse y lo que los demás deben aspirar a hacer y conseguir.

Todos necesitamos reconocimiento

«He hecho más de 35.000 entrevistas en mi carrera y, en cuanto se apaga la cámara, todo el mundo se vuelve siempre hacia mí e inevitablemente, de una u otra forma, me hace la misma pregunta: "¿Ha estado bien?"», dijo una vez Oprah Winfrey.[1] «Se lo oí decir al presidente Bush. Se lo he oído al presidente Obama. Lo he oído de héroes y de amas de casa. Lo he oído de víctimas y autores de delitos. Incluso lo he oído de Beyoncé». Es la historia de cómo todos, por grandes o humildes que seamos, necesitamos validación. Todos necesitamos celebración y reconocimiento. El experto en economía conductual y amigo mío Dan Ariely dijo una vez que el reconocimiento público es más motivador que el reconocimiento financiero. Asegurémonos de recurrir a menudo a la celebración y el reconocimiento del equipo.

9

Diversidad, inclusión y pertenencia

Regla:

Estamos convencidos de que la diversidad de personas y voces permite obtener resultados extraordinarios.

Fui invitado a Ginebra por el Foro Económico Mundial en enero de 2023 para celebrar dos sesiones con líderes empresariales y políticos de alto nivel acerca de diversidad, equidad e inclusión. Aproveché la oportunidad para plantear una pregunta sencilla a los líderes, pensadores y profesionales reunidos: «Si tuvieran un equipo al que entrenar durante seis meses para que fuera el emblema brillante de la diversidad, la equidad y la inclusión, ¿qué harían?». Se ha escrito y hablado mucho sobre las prácticas empresariales de diversidad, equidad e inclusión en recursos humanos, que normalmente se centran en mejorar la representación y la equidad en la empresa, y con razón, pero no tanto de cómo podemos trabajar como equipos diversos, equitativos e integradores; sigue siendo un tema poco estudiado y explorado. Las respuestas que escuché de los líderes en Ginebra, y muchas conversaciones con líderes muy comprometidos desde entonces, nos han llevado a ver la importancia de que los equipos adopten el siguiente conjunto de nuevos comportamientos y prácticas de equipo:

- **Inclusión**. Las prácticas de alto rendimiento de los capítulos 3 (franqueza), 6 (colaboración y creación conjunta) y 7 (agilidad), junto con el próximo capítulo —sobre desarrollo profesional—, son una receta para la inclusión y la colaboración de todas las personas, garantizando que haya más probabilidades de que se escuchen todas las voces y se tengan en cuenta. Mónica Pool Knox, dos veces directora de recursos humanos, asesora tecnológica y miembro de la junta directiva, señala «la oportunidad de que los equipos busquen, reconozcan, aprovechen y disfruten de las experiencias y perspectivas únicas de sus compañeros de equipo». Y añade: «Reconocer las líneas claras de nuestras diferencias y tenerlas presentes puede llevar a ideas innovadoras, desafiar las formas convencionales de pensar y dar a luz nuevos enfoques que mejoren los procesos, creen nuevos productos, formas diferentes de conectar con los clientes y ganarse su confianza».

- **Pertenencia**. En esencia, los mejores equipos invierten en fuertes lazos relacionales y los construyen, como se ha demostrado en el capítulo 4. Su compromiso de servir, cuidar y compartir con los demás —y, como se ha demostrado en el capítulo 5 (resiliencia), de ayudarse mutuamente cuando necesitan apoyo— crea una fuerte conexión y pertenencia dentro del equipo.

- **Alteridad**. Samantha, una alta directiva de recursos humanos con la que hablé, fue la primera ejecutiva en plantear el tema de la alteridad conmigo. Dijo que se esfuerza por ayudar a todos sus equipos a entender que, en diferentes momentos, todos sabemos lo que se siente al ser «otro». Y, como me dijo otro líder de una de las empresas de la lista Fortune 100, tenemos que trabajar duro para tender puentes entre la alteridad. Especialmente en la era de los negocios y los clientes globales, todos debemos esforzarnos por ver el mundo a través de los ojos de otras personas y otras perspectivas culturales si queremos que nuestras organizaciones tengan éxito.

- **Privilegio y obstáculos**. Como me dijo Khalil Smith, vicepresidente de inclusión, diversidad y compromiso de Akamai Technologies, «los privilegios no son exclusivos de un grupo demográfico concreto, como tampoco lo son los obstáculos; estas dos cosas no son mutuamente excluyentes». Hablar de privilegios y de superar obstáculos es una de las conversaciones más delicadas pero productivas que pueden mantener los equipos.

La inclusión conduce a innovaciones multimillonarias

La verdad es que una mayor inclusión conduce a mayores resultados: es un eco del cambio hacia un ambiente de creación conjunta más amplio e inclusivo, como comentamos en el capítulo 6. Pool Knox pone el ejemplo de su experiencia en Frito-Lay como parte de la representación de los trabajadores hispanos en la organización (un grupo demográfico infrarrepresentado en la empresa). Describe cómo al grupo se le ocurrió la idea:

> Recuerdo cuando empezamos a hablar de la oportunidad de crear una patata frita con sabor que atrajera el paladar del consumidor latinoamericano (al estar en Texas, los empleados que trabajaban en la empresa sabían que las especias que atraían a aquellos cuyas raíces familiares procedían del sur de la frontera debían ser bastante diferentes). Después de que los científicos alimentarios de Frito-Lay experimentaran con sabores comunes en Centroamérica y Sudamérica, nació el sabor de las patatas fritas con jalapeño. Fue un éxito.

Pasar a la diversidad, la inclusión y la pertenencia es acoger todo el talento de la organización, ampliar la oportunidad de que se escuchen todas las perspectivas y abrir la posibilidad de una mayor innovación.

Pero, al recordarnos el coste de la inacción o de no aprovechar todo el talento de que disponemos, Pool Knox tiene otra lección profesional de la que podemos aprender. Cuenta una experiencia que tuvo en una organización en la que un equipo de ventas fue a hablar con clientes potenciales. La charla fluyó, el cliente les agradeció su tiempo y el equipo de ventas regresó a la oficina con cierto optimismo. Sin embargo, el cliente volvió a ponerse en contacto rápidamente para decir que había decidido irse con la competencia. Estaba claro que el equipo de ventas no se había ganado la confianza del cliente, algo que había ocurrido al principio del proceso. Pool Knox acabó reconociendo que el equipo de ventas, formado por cuatro hombres heterosexuales blancos de mediana edad, apenas había establecido contacto con el otro equipo, compuesto por dos mujeres blancas, una asiática y una afroamericana. Dijo al respecto:

> El equipo de atención al cliente no solo consideró que el equipo de ventas se comunicaba de una forma que les convencía, sino que también sentía que no había un sentido compartido de valores en torno a la importancia de las diversas perspectivas, enfoques y experiencias. La empresa perdió el negocio porque no hizo bien los deberes, no interpretó a las receptoras y no entendió cómo estaba comunicando sus valores. La ironía es que, de hecho, mi empresa no contaba con una mujer líder de ventas que pudiera haber enviado. Si la hubiéramos tenido, seguramente habríamos reconocido que el equipo de ventas que estábamos enviando para reunirnos con el equipo de este cliente no era el óptimo. El cliente dio en el clavo en muchos aspectos.

Una de las sesiones que moderé en Ginebra versó sobre cómo podríamos, como líderes, cambiar la brecha salarial entre hombres y mujeres con una serie de modificaciones claras en los siguientes siete años. Si no tomamos medidas, al ritmo actual de progreso, alcanzaremos la paridad en nada menos que en 151 años. Tal cual. Ciento cincuenta y un años. Nueve de cada diez dirigentes de las mayores empresas del mundo afirman que la diversidad es más importante que nunca, pero aún estamos al principio del camino. Solo el 12 % de los CEO de Fortune 100 son mujeres y el 14 % son de alguna etnia diversa. No aceptar la situación actual es la primera práctica de alto rendimiento.

¿Por qué necesitamos la diversidad? Porque nos da mejores respuestas. Necesitamos que nuestros equipos se alineen con los valores y sentimientos, y reflejen el mundo en el que estamos y al que le vendemos. Más adelante en este capítulo hay una práctica de trabajo en equipo que aborda directamente este punto sobre la contratación de talentos y que la sugirió Enrique Lores, el CEO de HP, que hace la misma observación: «Necesitamos equipos que reflejen el mundo en el que vivimos. Es una cuestión crítica para el negocio».

Prácticas de trabajo en equipo

Tres prácticas de trabajo en equipo apoyan el cambio hacia la diversidad, la inclusión y la pertenencia:

1. **Alteridad**. Se trata de un ejercicio de narración en el que los miembros del equipo comparten ejemplos de cuando se sintieron «otro».
2. **Privilegio y obstáculos**. Se trata de una práctica de trabajo en equipo sobre la otredad, un ejercicio en círculo sobre cómo la mano invisible del privilegio ha abierto puertas profesionales a los miembros del equipo y a qué obstáculos se han enfrentado en su trayectoria profesional.
3. **Encuentra la lista de candidatos adecuada**. Se trata de una práctica sencilla para garantizar que tu equipo cuenta con los mejores candidatos y que, además, es diverso.

Respecto de este cambio, nuestro instituto de investigación aún tiene mucho trabajo por hacer. Nuestros datos de diagnóstico aún no son estadísticamente significativos, por lo que la recopilación todavía sigue en marcha.

Regla y hábitos

El sencillo contrato social de equipo para la diversidad, la inclusión y la pertenencia es este: «Estamos convencidos de que la diversidad de personas y voces permite obtener resultados extraordinarios». Se ha de lograr poner en marcha este cambio concreto al mes de iniciar las siguientes prácticas de trabajo en equipo y, a partir de entonces, hacerlo con regularidad. Es una oportunidad para disponer de un espacio para hablar sobre dónde pueden haberse descarrilado las cosas, para comprobar que se están cumpliendo los nuevos compromisos de comportamiento y que se están aplicando las prácticas de trabajo en equipo.

Práctica de equipo. La alteridad

Enrique Lores, CEO de HP (antes Hewlett-Packard), habla en profundidad de cómo la diversidad en su equipo es la mejor manera de garantizar el éxito de la empresa con clientes de todo el mundo. Pero destacar las diferencias de los miembros del equipo, su alteridad, es también una forma constructiva de poner sobre la mesa perspectivas diferentes que den luz a las decisiones empresariales, tal como afirma. «Por mi acento y mis estudios, no soy el típico CEO de Fortune 50 que ha estudiado en una de las universidades de la Ivy League y habla un inglés de clase alta —dice Lores—. Reconocerlo (cosa que hago siempre que considero necesario) es una forma de asegurarnos de que todo el mundo se siente animado a hablar con más franqueza de cuando se siente "otro". Creo que también es muy importante que todo el equipo directivo haga lo mismo con sus equipos. Tienen que introducir en la conversación la parte más banal de su propia vida y las consecuencias de las experiencias que han tenido. Cuando nos sentimos marginados, es menos probable que digamos lo que pensamos. Además de ayudar al equipo a saber que yo también me siento a veces como un intruso, lo que nos ayuda a superar nuestra alteridad universal, también reconozco que enfrentarse al poder es algo para lo que la gente necesita formación en tiempo real. Digo: "Esto es lo que yo pienso, pero, por favor, a muchos de los que pensáis diferente, os agradezco vuestras opiniones para poder tener mejores datos para que saque mis propias conclusiones". Es una forma de generar mejores ideas, mejores opiniones y conversaciones más enriquecedoras».

La idea de la alteridad se puso en práctica en HP con un ejercicio destinado a encontrar similitudes, parecido a los ejercicios que describimos en la formación de equipos, en el que el equipo directivo se dividía en parejas para hablar de sus historias vitales, los triunfos y las tragedias de su vida. «Al hacerlo en grupos muy pequeños, la gente estaba más dispuesta a abrirse de verdad y a compartir tanto las cosas que realmente le habían alegrado la vida como sus tragedias y el modo en que estas cosas habían influido en su aprendizaje, carrera o elecciones —dice Lores—. Cuando conoces y comprendes a alguien más profundamente, la conclusión inevitable es una forma de empatía universal, saber que en nuestras luchas y alegrías somos más parecidos que diferentes. Ante todo somos fundamentalmente humanos».

El poder de la alteridad es que esta reconoce que el lugar de trabajo es un microcosmos de la sociedad. Tenemos diferentes pasiones, ideas y creencias, así como antecedentes. Necesitamos celebrar y apreciar nuestras diferencias, pero abordándolas con sensibilidad y respeto, no como motivo de conflicto. Esta práctica de trabajo en equipo consiste en compartir con el equipo un momento en el que te hayas sentido «otro». La primera persona en compartir debe ser alguien que esté dispuesto a hacerlo de manera vulnerable. Personalmente, me sentí otro cuando era más joven en Yale, avergonzado de mi educación en un ambiente familiar con un padre obrero desempleado, durante mi primer año de orientación. Me sentí otro cuando, en mi primer trabajo después de Yale, oía a mi jefe contar chistes de homosexuales o comentarios despectivos sobre un compañero afeminado.

En esta puesta en común no se invita a cruzar opiniones, solo a escuchar y apreciar cómo se han sentido los demás cuando se han sentido «otros». El reto del trabajo en equipo es reconocer y apreciar a todos aquellos que son diferentes y que tienen distintas perspectivas sobre el mundo, y ser inclusivos con esas perspectivas, políticas o modos de ver.

Práctica de trabajo en equipo. Privilegios y obstáculos

Me he encontrado con mucho miedo e incertidumbre sobre cómo empezar —o siquiera intentar empezar— discusiones de equipo sobre los privilegios. Las conversaciones con Khalil Smith, de Akamai Technologies, me ayudaron a definir un punto de partida que creo que merece la pena citar íntegramente:

> Los privilegios no son exclusivos de un grupo demográfico concreto y los obstáculos no son exclusivos de un grupo demográfico concreto; estas dos cosas no se excluyen mutuamente. Tu privilegio no significa que no hayas trabajado muy duro. El hecho de que hayas trabajado muy duro no significa que no tengas una ventaja sobre los demás. A veces, cuando oímos *privilegio*, pensamos que todo le ha sido dado a alguien. Hay que aclararlo desde el principio. Si creciste con mucho dinero, eso es un privilegio, pero no implica que tu padre no fuera un capullo integral o que tu madre te quisiera. No significa que no trabajaras duro cuando obtuviste tu MBA. Solo digo que todo resulta más fácil cuando se tiene dinero, cuando se es atractivo. A eso es a lo que vamos. En ese momento, tal vez la gente dirá: «Claro que tienes razón. Yo tenía algo de eso. Pero no significa que no haya trabajado duro. Y también he sufrido algunos obstáculos. Pero eso no significa que todo me fuera dado».

Mantener una conversación con el equipo sobre los privilegios y los obstáculos es una práctica asociada a la idea de otredad. Hasta que el equipo haya desarrollado una base de confianza a través de las prácticas de este libro, puede ser útil facilitar esta conversación a través de un entrenador experto. Como sabe cualquiera que haya leído mi primer libro, *Nunca comas solo*, crecí en un hogar pobre con padres de clase trabajadora y trabajé duro para conseguir todo lo que tengo. Pero mi historia es diferente. Mi padre se empeñó en que recibiera una buena educación y me inculcó el compromiso con los estudios y el deseo de alcanzar un alto nivel de rendimiento. Soy un hombre blanco, educado en dos instituciones de la Ivy League y que ha trabajado en la dirección de empresas de la lista Fortune 500. Si eso no es privilegio, no sé qué puede serlo. No me he enfrentado al sexismo ni al racismo (salvo a través de los ojos y las experiencias de mis hijos adoptivos). Oculté mi homosexualidad en medio de frecuentes comentarios homófobos en el lugar de trabajo por parte de directivos y mentores. ¿Habría tenido el éxito que tuve a una edad temprana, lo que me permitió escribir este libro, si hubiera salido del armario antes? Tal vez no. Esa es la honestidad de la práctica de privilegios y obstáculos. En esa conversación —como sugiero, facilitada por un experto en caso necesario, hasta que el equipo haya desarrollado la confianza y la seguridad psicológica necesarias— cada uno se turna para reconocer brevemente en qué aspectos la mano invisible del privilegio le ha abierto las puertas de su carrera y a qué obstáculos se ha enfrentado en su trayectoria profesional. No se trata de víctimas o villanos. Se trata de comprender quiénes somos y qué ventajas y obstáculos ocultos hemos experimentado en el camino.

Práctica de trabajo en equipo. Encuentra la lista de candidatos adecuada

Antes de ser nombrado CEO de HP, Lores dirigió un proyecto para diversificar el consejo de administración de la empresa y trasladó ese mismo éxito a su equipo ejecutivo. Le pregunté cuál era la clave de la experiencia. «Si tu lista de candidatos para un puesto directivo no es lo suficientemente diversa, espera a que lo sea —reconoció—. Si eres lo bastante diligente como para buscarlos, hay candidatos de orígenes muy diversos». La sencillez de esta afirmación es muy poderosa. Si en la primera ronda de contratación no se consigue un grupo diverso de candidatos, hay que volver a intentarlo. Una y otra vez, hasta que lo consigas. Los candidatos están ahí. Si no se presentan candidatos para la vacante, hay preguntas más profundas que plantearse sobre la diversidad, la equidad y la inclusión en tu organización.

Valores y pertenencia

Puede parecer extraño hablar de exclusiones en un capítulo cuyo núcleo es precisamente la inclusión. Pero en una conversación con Khalil Smith, la palabra *exclusión* adquirió un nuevo significado. «Los mejores equipos son exclusivos en cuanto a valores e inclusivos en cuanto a demografía», afirma Smith. ¿Se puede trabajar en un equipo directivo de Apple sin ser un apasionado del diseño? ¿Se puede trabajar en Nike sin pensar que cualquiera puede practicar un deporte? ¿Se puede trabajar en Philip Morris si no se cree en la elección personal? Algunas cosas están tan conectadas con los valores corporativos que son necesarias para tener éxito en un equipo de esas organizaciones.

10

Un equipo con miembros que no paran de buscar y entrenarse mutuamente

Regla:

Nos entrenamos mutuamente.

¿Cuál es el secreto de una empresa que sacude un sector dominado por marcas tradicionales como L'Oréal y Estée Lauder, y mantiene un muy buen ritmo de crecimiento e innovación a lo largo de veinte años? Es el caso de la empresa de cosmética e.l.f. Beauty (e.l.f. son las siglas, en inglés, de «ojos, labios, cara»). En un primer momento se podría pensar que el secreto está en que en 2004 rompió las reglas al apostar por que la gente comprara en línea pintalabios y productos para el cuidado de la piel por tan solo un dólar, cuando la mayoría de la gente decía que se trataba de elecciones íntimas que siempre se harían en persona, en la tienda. Pero, veinte años más tarde, cuando toda la competencia también lucha en línea, vamos que e.l.f. sigue revolucionando y desafiando la sabiduría popular al lanzar al mercado productos de alta calidad, desde su concepción hasta el lanzamiento en línea, en tan solo trece semanas, mientras que el ciclo medio de lanzamiento de un nuevo producto puede durar entre dos y tres años, dependiendo de la empresa. La respuesta no está en un producto o proceso de fabricación secreto, ni en muchos logros de esta compañía como pionera, aunque sí le aporten diferenciación. Esto sería irse por las ramas. Son los comportamientos de equipo arraigados en e.l.f. los que actúan como principal elemento impulsor de tales logros. Según el equipo ejecutivo de e.l.f., «No hay otro lugar como e.l.f.». Se toman muy en serio lo que significa ser embajadores de una cultura de equipo como la de la compañía. En el ejercicio que finalizó en marzo del año 2023, las ventas netas aumentaron un 48 %, hasta los 578,8 millones de dólares. Se trata de una empresa que ha multiplicado por 84 el valor para el accionista en una década, hasta alcanzar los 11.000 millones de dólares. Por su reputación, e.l.f. es muy buena en su relación con el cliente, con más de 130.000 opiniones sobre productos en su sitio web (excelentes, buenas y no tan buenas; es un ejercicio de transparencia al fin y al cabo), y absorbe datos de sus canales en las redes sociales y de su comunidad de millones de personas para predecir los cambios de tendencias y gustos. Pero eso es solo lo que vemos desde fuera. Al sentarme con Tarang Amin, presidente y CEO, y su equipo ejecutivo, me di cuenta de que la clave es que se centran sin descanso en crear un equipo de alto impacto e invierten en el espíritu de equipo. No se trata solo de que todos los empleados a tiempo completo participen en un único plan de bonificaciones vinculado a un objetivo de beneficios financieros (EBITDA ajustado) y reciban un premio en acciones de e.l.f., lo que no deja de ser muy importante. Se trata más bien de un constante desarrollo del rendimiento; de crear una cultura de *coaching*, de entrenamiento, entre iguales siempre presente dentro de los equipos y entre los miembros que los conforman.

Coaching de coevaluación en acción

Mandy Fields, directora financiera de e.l.f. Beauty, describe cómo Kory Marchisotto, la CMO, le enseñó a contar mejor sus historias. «Cuando recibo preguntas de inversores y analistas, me dicen que voy directamente a la respuesta —explica Fields—. Kory me dijo: "Oye, retrocede un poco, cuéntales cómo has llegado hasta ahí y luego responde a la pregunta". Así que he intentado incorporar su consejo». A su vez, Fields también ha entrenado a Marchisotto. «Kory es una de las mejores vendedoras que he conocido. Y le dije que, si aspiraba a ser algo más que la CMO, me dejara ayudarle con algunos matices financieros más elevados. Así que la hice partícipe del proceso de ganancias y conferencias de inversores para que realmente se involucrara en lo que está sucediendo financieramente y pudiera hacer preguntas aún más afinadas». Es la coelevación —el compromiso con la misión y el compromiso de preocuparse por los demás lo suficiente como para no dejar que fracasen— llevada a la práctica.

Este nuevo acercamiento a la retroalimentación y su vinculación con el desarrollo personal y la consecución de resultados empresariales es un contrato social fundamentalmente diferente del que la mayoría de nosotros hemos experimentado en la mayoría de los lugares de trabajo. Todo empieza con un conjunto de promesas muy ambiciosas para cada asociado que se deben cumplir activamente. Como explica Marchisotto:

En e.l.f., se nos invita a encontrar y dar rienda suelta a lo mejor de nosotros mismos con el apoyo diario de quienes nos rodean. Invitamos a una cultura que, de alguna manera, es como si te dijera: «No intento moldearte ni darte forma. Intento averiguar cuál es la mejor versión de ti mismo, cuáles son tus superpoderes y cómo te ayudo a sacarles partido». Eso ya cambia la mentalidad de la gente. Cambia el propósito y el enfoque a la hora de recibir y dar *feedback*. Este no te va desgastando, no te sientes como si te estuvieran cargando con pesos innecesarios, agobiándote con cada retroalimentación. De hecho, es más bien como el helio que eleva los globos. Se trabaja en una zona en la que realmente crees que todo el mundo a tu alrededor quiere que seas el mejor tú.

Tanto si eres becario como el vicepresidente, todos los nuevos empleados aprenden durante su incorporación a e.l.f. que el crecimiento y el aprendizaje pasan por la franqueza y el desafío sano y respetuoso con los compañeros. Aprendes rápidamente a asumir que todo el mundo tiene buenas intenciones y a estar atento a cómo puedes apoyar y preocuparte de verdad por el éxito de todos. ¿Y si alguna vez no es así? Si alguna vez cuestionas la presencia de esa atención e intención positiva, se espera que expreses tus preocupaciones con claridad y que estés abierto al hecho de que puedes estar equivocado cuando escuches la explicación. Esto significa que todo el mundo tiene la responsabilidad de dar su opinión a los demás y de decirles cuándo no están siendo todo lo eficaces que podrían ser, incluso si eso significa señalar, siempre con respeto, las oportunidades de crecimiento de algún superior. En e.l.f. se espera y se agradece una retroalimentación constante, lo más global posible. Si oyes a un miembro del equipo directivo decir algo que no te parece correcto, lo dices. Pero a lo que los nuevos empleados no se exponen en e.l.f. son a las tradicionales revisiones trimestrales o anuales. El diálogo de retroalimentación no es un monólogo vertical del director, disfrazado de debate. Por el contrario, se produce cada día, es continuo y procede de todas las partes y sectores con los que interactuamos en nuestro trabajo diario, independientemente de la jerarquía. Y los líderes y compañeros que valoran este aspecto de la cultura de la empresa lo entrenan y refuerzan en todos los equipos.

Kerry Preston, vicepresidenta de desarrollo de personal de e.l.f. Beauty, explica que, además de la retroalimentación y el *coaching* diarios, dos veces al año los equipos se reúnen para ofrecerse retroalimentación abierta de forma proactiva y deliberada (véase la práctica de alto rendimiento Open 360). Se dan ejemplos concretos de lo que más admiran unos de otros, de lo que creen que limita su eficacia y de cómo pueden apoyarse mutuamente en el futuro. En una sesión, a un alto ejecutivo de e.l.f. se le acusó de haber cancelado cuatro de cinco reuniones individuales con alguien de su equipo. «Cuando se cancelan reuniones de esa forma, no se trata tanto de poner en peligro el rendimiento como de una cuestión de respeto —se le dijo—. Abordemos cómo podemos quizá enfocar la gestión del tiempo de otra manera».

En otra sesión de equipo, animaron a un compañero a hablar más claro en las reuniones. ¿Cuál fue la solución? «Te haremos hablar primero, ¿vale?», le dijeron.

En e.l.f., un aspecto clave de la cultura de la empresa se materializa con la invitación de los empleados a una gran reunión de innovación de productos, lo que Amin describe como «la gran celebración en la ciudad». A cada empleado se le invita de manera abierta a dar forma al futuro de la hoja de ruta de productos según su visión y responsabilidad. Es un momento de fuertes debates y sin tapujos. Es emocionante y todo avanza rápidamente. Esto solo es posible tras años de práctica en una cultura que no se guarda nada. Todo el mundo sabe que tiene que exponer su punto de vista y estar preparado para desarrollar su argumento; para dar opiniones sinceras, pero siempre hacerlo con respeto. Saben que ganará el mejor argumento y la mejor idea. Así es como e.l.f. está elevando el desarrollo individual a través de la retroalimentación constante entre compañeros y, a su vez, mejorando el negocio.

El marco de retroalimentación

La reunión de Amin sobre innovación de productos es un magnífico ejemplo de la importancia de la retroalimentación sincera sobre las ideas, tal y como se explica en el capítulo 3. Todos hablan de la retroalimentación como si fuera una sola cosa, pero tenemos que pensar en ello de otra manera. Hay distintos tipos, y las diferencias importan. Los compañeros deben desafiarse mutuamente y dar su opinión:

1. **Ideas**. Se trata de una retroalimentación sincera sobre las ideas y la capacidad de luchar por ellas y por soluciones más audaces e inclusivas. Los compañeros necesitan utilizar prácticas que ofrecen un alto rendimiento para ser más valientes mientras crean y colaboran conjuntamente (capítulo 6).

2. **Rendimiento**. Los compañeros deben responsabilizarse mutuamente de los resultados, tal y como se explica en los capítulos 3 (franqueza) y 7 (agilidad). La práctica de las pruebas de esfuerzo en equipo, en las que se comparte lo que uno cree que ha conseguido y el grupo desafía lo compartido, es el elemento común en la retroalimentación sobre el rendimiento.

3. **Competencias**. Este es el nuevo contrato social de este capítulo. Los compañeros tienen que desafiarse mutuamente a actualizar y mejorar sus habilidades y conocimientos para ser el mejor en su campo, con las tecnologías más punteras y formas de trabajar nuevas y emergentes. Esto es precisamente lo que el *coaching* entre iguales de Mandy Fields, la directora financiera, y Kory Marchisotto, la CMO, ilustra en e.l.f.

4. **Estilo**. Los compañeros deben cuestionarse mutuamente sus estilos de trabajo: cómo se comunican y las formas de motivar y crear seguidores. La procrastinación y la mala gestión del tiempo son problemas básicos en este sentido, por lo que el equipo podría dar retroalimentación para lograr una mayor proactividad. Otro ejemplo es alejarse de una mentalidad de víctima y de culpar a los demás para adoptar una mentalidad de crecimiento y dejar de ver solo bloqueos al progreso.

Algunas empresas son transparentes a la hora de cuestionar y dar su opinión sobre las ideas de negocio, pero no tanto cuando comentan el rendimiento, las habilidades, las competencias o el estilo de los demás. Como vimos en el capítulo 3, la franqueza en la mayoría de las empresas solo alcanza el 2,4 en una escala de 5 puntos. En la mayoría de las compañías, rara vez se pone en marcha algún tipo de *coaching* entre compañeros. Nuestra investigación muestra que el 71 % de los miembros de un equipo no se comprometen con sus compañeros ofreciéndoles *feedback* sobre su trabajo. Imagínate la carga que se le quita al directivo medio cuando se adopta este compromiso; recordarás del capítulo 2 que, cuando Sergey Young activó el trabajo en equipo entre iguales, recuperó el 30 % de su tiempo para dedicarlo a un enfoque más estratégico y a proyectos a más largo plazo.

Damos nuestra opinión a los compañeros con los que trabajamos como una forma de compromiso con el éxito de los demás en el camino hacia el éxito conjunto. También es una parte fundamental del nuevo contrato social del trabajo en equipo, porque el antiguo contrato, en el que el jefe es la única fuente de *feedback*, es cada vez menos práctico. Desde hace décadas, con el cambio de las relaciones jerárquicas de las estructuras organizativas, a los directivos les resulta cada vez más difícil hacer de entrenadores eficaces. Puede que ni siquiera tengan la visión más fidedigna del trabajo diario de los empleados a título individual o de sus equipos. ¿Quién la tiene? Los miembros del equipo que trabajan juntos, independientemente de los organigramas. Son las personas que trabajan con nosotros cada día las que ven nuestros esfuerzos, retos y éxitos. Están en una posición privilegiada para ofrecer información pertinente y oportuna, y tenemos que aprovechar este recurso abundante que está prácticamente desaprovechado.

También existe una falsa creencia entre las personas que llegan al liderazgo acerca de que necesitan menos desarrollo que en etapas anteriores de su carrera, y de hecho, en la mayoría de las organizaciones, cuanto más se asciende en la escala organizativa, menos *feedback* se recibe. Pero los líderes también necesitamos *coaching*, sobre todo en lo que respecta a los comportamientos de equipo. «Demasiado a menudo, en las empresas se da por sentado que todos los que han alcanzado una posición superior son excelentes dando y recibiendo *feedback*. Pero la mayoría de la gente no lo es —dice Amin—. Así que hacemos sesiones los miembros del equipo directivo y modelamos el *feedback* entre iguales». Especialmente en el cambiante entorno empresarial actual, las personas de todos los niveles deben mejorar y crecer de manera continua. No podemos pensar que estamos preparados para lo que nos espera en el futuro, ni siquiera en el más cercano. Debemos mejorar entre un 30 y un 50 % cada año para seguir el ritmo del cambio. Y esta cifra tan sorprendente es importante porque cualquier cosa que no sea una mejora radical nos haría sentirnos cómodos con el cambio y, por tanto, no buscaríamos activamente la incomodidad que debe estar asociada a esta cultura de retroalimentación extrema.

Los equipos de mayor rendimiento con los que hemos trabajado tienen contratos sociales que permiten a sus miembros intercambiar de forma transparente información sobre su rendimiento, sus habilidades y competencias, así como su estilo de trabajo, en aras del crecimiento. Sin embargo, el 61% de los miembros de los equipos de nuestro conjunto de datos afirman que no ven que sus compañeros tengan la humildad necesaria de ver sus propias necesidades de desarrollo o crecimiento personal y busquen mejorar. Es de suponer que las personas no dan prioridad a su propio desarrollo porque están sobrecargadas de trabajo y creen que les falta tiempo. Esta creencia crea un círculo vicioso: sin formación ni desarrollo específicos para el equipo, el trabajo se hace más duro de lo necesario y la colaboración es menos eficaz, por lo que la carga de trabajo se convierte en un problema aún mayor, haciendo que la gente se sienta aún más abrumada y menos capaz de perseguir el desarrollo y el crecimiento.

Prácticas de trabajo en equipo

Después de completar el diagnóstico y establecer la regla, tres sencillas prácticas de trabajo en equipo apoyan el cambio para lograr un equipo de entrenadores entre iguales y aliviar el peso de la retroalimentación de los líderes, ya sobrecargados con sus obligaciones del puesto. Las llamamos Open 360, Dial Up/Dial Down y 5/5/5 Learning Roadmap:

1. **Open 360**. Es una práctica trimestral que replantea la tradicional reunión de evaluación (jefe e informe) para lograr poner en práctica un ejercicio de equipo entre iguales.
2. **Dial Up/Dial Down**. Suele seguir al Open 360, pero solo dura unos minutos. Se trata de un compromiso de cambio de comportamiento de cada miembro del equipo con sus compañeros.

3. **5/5/5 Learning Roadmap**. Cinco minutos para compartir, cinco minutos para preguntas y cinco para consejos. Es una práctica de rendición de cuentas que garantiza que los miembros del equipo cumplan sus compromisos de aprendizaje.

Diagnóstico de desarrollo

Primer paso. Debate en equipo sobre el codesarrollo
Se trata de un cambio que pretende lograr el codesarrollo y un enfoque para transformar la retroalimentación de una directiva unidireccional en una dinámica, en un proceso de crecimiento mutuo: el punto central es convertirse en un equipo de buscadores comprometidos con la misión y la elevación de los demás. Desde el punto de vista del codesarrollo, la retroalimentación no es solo una tarea de gestión, sino que se convierte en una responsabilidad colectiva. Cada miembro del equipo desempeña un papel en la elevación del grupo, compartiendo ideas y habilidades para ayudarse mutuamente a prosperar. Somos los entrenadores de los demás, y no nos conviene contenernos. Los mejores equipos suelen obtener una puntuación de 4,4 sobre 5 en nuestro diagnóstico. Por experiencia propia, he comprobado de primera mano el poder transformador de este enfoque. En mis equipos, hago hincapié en la importancia de la retroalimentación abierta y sincera entre compañeros. No se trata solo de hacer nuestro trabajo, sino de ayudarnos unos a otros a crecer y sobresalir. Sin embargo, es poco frecuente. La mayoría de los equipos obtienen una puntuación inferior a 2,5 en nuestro diagnóstico.

Marchisotto expone un magnífico ejemplo del nuevo contrato social para el desarrollo con uno de los miembros de mayor rendimiento del equipo: alguien a quien describe como «un verdadero visionario, un genio creativo». Pero explica: «Es difícil ser un visionario porque ves cosas que los demás no ven. Y puede ser una gran frustración ver que el trabajo puede alcanzar unos determinados niveles de calidad, pero ser consciente de que aún no se está ni siquiera cerca». El estilo de *feedback* de esta persona desmotivaba a la gente y el trabajo se alejaba de la visión que tenía. Se respiraba frustración por todas partes. En una sesión de equipo, el creativo recibió *feedback* de sus compañeros sobre su estilo de ofrecer retroalimentación a los demás. Delante del equipo, el creativo se comprometió a ser más empático en el futuro. «Ese individuo en concreto dijo delante de todos los compañeros que le habían dado ese *feedback*, que los había escuchado, que le parecía adecuado y que, por tanto, trabajaría en ello y se comprometía —dice Marchisotto—. Es extraordinario que alguien se muestre tan vulnerable en una sala con diecisiete personas y asuma ese tipo de compromiso. Pero la motivación era clara: el equipo no estaba en su mejor momento, y eso tenía que cambiar».

Utilizar las dos preguntas de nuestro marco de diagnóstico como pistas es una forma estupenda de iniciar un debate en equipo sobre el nuevo contrato social que queremos seguir para lograr un cambio hacia un desarrollo conjunto entre iguales.

Segundo paso. Preguntas de diagnóstico

Todos los miembros del equipo deben puntuar de 1 a 5 a la hora de responder a las siguientes preguntas (1: Totalmente en desacuerdo; 2: En desacuerdo; 3: Ni en desacuerdo ni de acuerdo; 4: De acuerdo; 5: Totalmente de acuerdo):

- ¿Somos un equipo de buscadores? Todos los miembros del equipo son conscientes de sus áreas de crecimiento, se muestran abiertos en torno a ellas y persiguen activamente el desarrollo para mejorar.
- ¿Somos los entrenadores de los demás? Todos los miembros del equipo se implican personalmente en el desarrollo de los demás y asesoran de forma proactiva a sus compañeros sobre su rendimiento, sus habilidades y todo tipo de competencias.

El diagnóstico lo debe administrar un miembro del equipo que se considere imparcial y de confianza, ya que la puntuación es anónima y no se atribuirá a personas concretas. Puedes utilizar una herramienta de encuesta en línea.

Regla y hábitos

El contrato social simple del equipo para el desarrollo es este: «Nos entrenamos mutuamente». Se ha de poner en marcha en el plazo de un mes desde que se inician las siguientes prácticas de trabajo en equipo y, a partir de entonces, mantenerlo con regularidad. Es una oportunidad para disponer de un espacio para hablar sobre dónde pueden haberse descarrilado las cosas, para comprobar que se están cumpliendo los nuevos compromisos de comportamiento y que se están aplicando las prácticas de trabajo en equipo.

Práctica de trabajo en equipo. Open 360

Todos estamos familiarizados con las revisiones tradicionales: evaluaciones de rendimiento que solicitan comentarios de todas las direcciones, normalmente de forma anónima y por escrito. El Open 360 es un formato ideado para dar y recibir *feedback* individual en un entorno de equipo. Cada participante comparte una cosa que aprecia/admira/respeta de cada compañero de equipo y una cosa que sugiere que la otra persona podría hacer de manera diferente para mejorar aún más su rendimiento y éxito. Esta práctica requiere que los compañeros de equipo no eviten los conflictos y se comprometan con una franqueza valiente al servicio del desarrollo de los demás. Para que el Open 360 sea eficaz, el equipo debe compartir una base de confianza y compromiso con el éxito profesional y el crecimiento personal del otro. Si hay falta de confianza, los compañeros de equipo no se sentirán con la suficiente seguridad psicológica como para ofrecerse unos a otros el *feedback* más real, que a veces puede ser difícil de escuchar; negárselo no le sirve a la persona, pues no podría contar con la información que marcaría la mayor diferencia para su éxito.

Por eso debemos esperar a presentar el Open 360 para cuando el equipo haya acordado el contrato social y haya trabajado de manera conjunta en el desarrollo de la fuerza y la empatía, como se explica en el capítulo 4. Una vez que existe una base de acuerdo y relación, los miembros del equipo pueden apoyarse mutuamente proporcionando comentarios afectuosos y sinceros —un acto de generosidad— y responsabilizándose a su vez de actuar en consecuencia. Para llevar el Open 360 a la práctica:

1. **Presenta la idea**. Puedes comenzar diciendo, por ejemplo: «Este ejercicio está diseñado para obtener comentarios individuales de la gente y, al mismo tiempo, inculcar una mayor franqueza e intimidad dentro del equipo. Todos tendremos la oportunidad de dar y recibir opiniones; para ello, tendremos que limitar los comentarios a un minuto o menos».

2. **Establece expectativas**. «Evitemos las conversaciones cruzadas: siempre se podrá responder a todos los comentarios. Cuando recibas los comentarios, reconoce que los has escuchado y trata de evitar la tentación de ponerte a la defensiva. Acepta que la percepción de cualquier persona es válida: es solo un dato, y a ti te corresponde decidir si quieres o no ajustar tu comportamiento en función de las percepciones de tus compañeros». Ya en el capítulo 3 hablamos de que tradicionalmente toda retroalimentación, ya fuera de profesores, padres o líderes, solía venir acompañada del requisito de hacer algo al respecto. Pero, en este caso, no es así. El *feedback* entre iguales es solo información, no una directiva. Por lo tanto, no tienes por qué acompañar esta práctica de expectativas ni de una actitud defensiva.

3. **Explica cómo funcionará**.

   A menudo es mejor que el líder sea el primero en recibir los comentarios.

En la primera ronda, cada miembro del equipo completará la frase dirigida a la persona que recibe la opinión: «Una de las cosas que más aprecio/admiro/respeto es _____».

En la segunda vuelta, cada miembro del equipo completará esta frase: «Como me preocupo por ti y por tu éxito, podría sugerirte _____». La presunción aquí es que no solo nos preocupamos por el éxito de esta persona, sino que su éxito es importante para el del equipo, por lo que es crucial que se comparta el *feedback* más auténtico posible.

Las evaluaciones que se hacen a través de esta práctica pueden realizarse con regularidad, por lo que deben referirse al rendimiento del último trimestre o de los seis meses anteriores.

4. **Señala estos puntos sobre la retroalimentación**.

Los comentarios deben ser nuevos, no reincidentes, para ahorrar tiempo. Si alguien ya ha hecho el comentario que pretendías hacer, simplemente di: «Quiero suscribir lo que ha dicho [el nombre de la persona]».

En la segunda ronda de comentarios, ofrece las sugerencias más claras y tácticas sobre cómo puede la otra persona mejorar su rendimiento.

Antes de compartir, pregúntate si los comentarios sirven a la otra persona y al equipo. Los comentarios deben servir para ayudarnos mutuamente a mejorar el rendimiento y como equipo.

El *feedback* es un regalo; no puedes mejorar tu rendimiento, ni tu carrera, sin él.

Así es como podría suceder:

«David, lo que más admiro de ti es tu ética de trabajo y tu compromiso con lo que te propones».

«Como me preocupo por ti y por tu éxito, y tu éxito es tan importante para el nuestro, podría sugerirte que aprecies a otras personas de este equipo que tienen creencias y límites diferentes en torno al trabajo y la familia; por eso quizá no te responden tan rápido los fines de semana, durante las vacaciones o por la noche».

«Ten en cuenta...».

Este puede ser un ejercicio delicado en equipos en los que el contrato social es nuevo, por lo que tu papel como líder es ir por delante y dar ejemplo de cómo acoger las aportaciones.

Si sientes cierta aprensión por este ejercicio, recuerda a los participantes que, una vez que el equipo se sienta más cómodo, la práctica del Open 360 será una herramienta eficaz para practicar la retroalimentación y cerrar lo que, según los estudios, suele ser una gran brecha entre cómo nos percibimos a nosotros mismos y cómo nos perciben los demás.[1]

Al final de cada ronda, en la que cada persona ha recibido ambos tipos de comentarios, pide al grupo que diga a qué se compromete, utilizando estas frases: «Sí, lo haré» y «Lo tendré en cuenta y e indagaré más al respecto».

Después de recibir *feedback* en un Open 360, considera también la posibilidad de invitar a otros colegas, como a tus subordinados directos, a formar parte del viaje de aprendizaje compartiendo un resumen del *feedback* recibido y pidiéndoles su propia aportación. Esta es una forma eficaz de asumir cierta humildad e invitar a los compañeros de equipo a unirse a ti en tu desarrollo.

Cuanto más ampliamente compartas en qué estás trabajando y más invites a los demás a pedirte cuentas, más reforzarás el contrato social, al tiempo que demuestras tu compromiso con tu viaje personal de aprendizaje.

Práctica de trabajo en equipo. Dial Up/Dial Down

Este es un ejercicio más breve y más centrado en la autorreflexión, que es uno de los elementos fundamentales del desarrollo profesional. En pocas palabras, se trata de examinar todo aquello que, basándote en toda la información de que dispones, a tu juicio está limitando tu nivel actual de rendimiento y, luego, comprometerte públicamente a tomar medidas para hacer más (*dial up*) o hacer menos (*dial down*) respecto de un comportamiento o comportamientos específicos, con el fin de crecer personal y profesionalmente. El ejercicio Dial Up/Dial Down consiste en comprometerse con el propio crecimiento personal y declarar al equipo las acciones que vas a emprender para que, con el tiempo, te puedan pedir una rendición de cuentas.

Introducción al Dial Up/Dial Down

1. Reserva un tiempo en la reunión para la actividad. Prevé cinco minutos para preparar el ejercicio, cinco minutos para la autorreflexión y un minuto por persona para la puesta en común.
2. Explica en qué va a consistir. El Dial Up alude a un comportamiento que se necesita hacer más para tener más éxito en nombre del equipo. El Dial Down, por su parte, a un comportamiento que se necesita hacer menos o eliminar por completo.
3. Procura que los participantes encuentren los elementos de Dial Up y de Dial Down que consideren. Para ello hay que tener en cuenta el *feedback* que se ha recibido en el pasado, que por supuesto puede ser a través del ejercicio Open 360. Se han de considerar también los objetivos y qué hacer para pasar al siguiente nivel.

   Cuando cada uno se prepare, habrá de pensar en su vida personal, en los comentarios recibidos del cónyuge/pareja, familiares y amigos. Es habitual que los comportamientos personales se trasladen a los profesionales, y viceversa.
4. Invita a los participantes a comprometerse a actuar:
   • Compartiendo con el equipo sus puntos Dial Up y Dial Down.
   • Creando un recordatorio visual que os ayude a mantener presente el compromiso adquirido. Por ejemplo, colocando un *post-it* cerca del escritorio o configurando recordatorios en el teléfono.
   • Creando un hábito o práctica que ayude a estos cambios, como establecer recordatorios digitales para evaluar los progresos.

La práctica Dial Up/Dial Down consiste en ser reflexivo, comprometerse con el crecimiento personal y declarar al equipo las medidas que se van a tomar para que puedan responsabilizarse de su evolución de manera conjunta.

Práctica de trabajo en equipo. 5/5/5 Learning Roadmap

En el capítulo 6 hablamos de la importancia de crear planes de acción relacional (PAR) para identificar las relaciones clave que necesitas establecer en tu equipo para alcanzar los objetivos de forma proactiva. Lo mismo puede decirse de tu propio desarrollo: necesitas una hoja de ruta de aprendizaje de aptitudes en la que identifiques no solo los cursos formales que puedes seguir, sino también el aprendizaje informal que puedes realizar con personas a las que admiras para que te ayuden a crecer en la dirección que necesitas. Como individuo y como equipo, tienes que invertir mucho tiempo y atención en la elaboración de tus hojas de ruta de aprendizaje para asegurarte de que tus futuras necesidades de desarrollo están cubiertas. Hay una pregunta general y otra específica para cada miembro del equipo:

- ¿Cuáles son tus puntos fuertes y débiles y tus oportunidades de crecimiento, y dónde y de quién quieres aprender?
- ¿Qué crees que necesitas aprender para crecer en tu próximo puesto y de quién necesitas aprenderlo?

Lo que sigue a continuación, la prueba de esfuerzo entre iguales, es la clave. Deja que tu grupo de aprendizaje te guíe. Las investigaciones demuestran que lo mejor es combinar el propósito con la urgencia y la responsabilidad, por lo que entrenamos a los equipos para que compartan sus hojas de ruta de aprendizaje en grupos de *coaching* entre iguales con formatos 5/5/5.[2] Así es como funciona. Por turnos, cada miembro del equipo presenta una actualización de cinco minutos sobre su hoja de ruta y los avances que ha realizado para cerrar las brechas a través de mecanismos formales e informales. El equipo hace preguntas durante los cinco minutos siguientes sobre lo expuesto y su éxito en el crecimiento. Es esencial seguir haciendo preguntas y no lanzarse a hacer sugerencias, ya que las preguntas son poderosas tanto para que el equipo aprenda y comprenda mejor, como para que la persona que describe su viaje de aprendizaje llegue a sus propias conclusiones, que se recibe mucho mejor que de los demás. Los cinco minutos finales se dedican a que el equipo haga un doble *feedback*. Cada uno de los altos directivos de e.l.f. tiene una hoja de ruta de aprendizaje y participa regularmente en este tipo de sesiones de *coaching* con sus compañeros para rendir cuentas de sus progresos. Tener objetivos ambiciosos de desarrollo es estupendo, pero tener un impulso responsable para alcanzarlos es aún mejor.

La recompensa del desarrollo conjunto

La recompensa del desarrollo conjunto en e.l.f. es increíble. En esta compañía se crece más rápido, se llega más lejos y con más presencia que en cualquier otro lugar, en un entorno empresarial de ritmo y crecimiento rápidos y lleno de energía. En la historia de e.l.f. hay una lección sencilla que pueden aprender los líderes. Al adoptar una cultura de desarrollo conjunto, en la que el *feedback* es una herramienta para la elevación colectiva y los avances empresariales, no solo mejoramos nuestro propio desarrollo, sino que fomentamos un entorno de trabajo más colaborativo, capacitado y exitoso. En este nuevo mundo laboral, la retroalimentación no consiste solo en corregir, sino en conectar, crecer y elevarnos mutuamente para dar lo mejor de nosotros mismos en el trabajo y en la vida. Esta es la esencia del desarrollo conjunto, y así es como podemos conseguir cosas extraordinarias como equipo.

11

De los silos a la alineación

Regla:

Coincidimos en el gran objetivo que nos guía, y en las prioridades y medios para llegar a él.

Ya has visto nueve cambios, pero una de las mayores promesas de este modelo de trabajo en equipo transparente e integrador se escapa con demasiada frecuencia a las organizaciones. Se trata de la alineación clara con un gran objetivo que guíe y de establecer claridad en torno a los numerosos pasos intermedios y prioridades que las distintas partes de la organización deben hacer para llegar a él. Muchas organizaciones no son conscientes de los retos y necesidades de sus homólogas, por lo que muchos maximizan su parte del pastel a título individual. Sin embargo, el trabajo en equipo permite no solo visibilidad, sino un rico compromiso a través de estos silos, de modo que los objetivos de la empresa se mantengan en primer plano y se puedan ir realizando pasos intermedios en tiempo real y de forma constante a lo largo del camino. La promesa de un enfoque alineado para lograr resultados extraordinarios se convierte en el objetivo de cada equipo, junto con la entrega de sus propios resultados. Hasta ahora, para centrarnos en el *coaching*, hemos prestado atención a la ejecución por parte de un equipo de una regla concreta y a las prácticas asociadas. En cada caso, podríamos haber utilizado a cualquiera de estos equipos como ejemplo para cualquier otro cambio. Su presencia en este libro como ejemplo de trabajo en equipo significa que se han sabido aprovechar todos los cambios para lograr un rendimiento extraordinario. En este capítulo, presentaremos a tres nuevos equipos que se han sumado a estos cambios para superar a sus mercados, y te invitamos a unirte a ellos en el cambio hacia un mayor espíritu de equipo y hacia los comportamientos de coelevación que deben ponerse en marcha.

Franqueza, responsabilidad y colaboración entre iguales en P&G

Cuarenta trimestres de crecimiento. «Nunca antes se había visto algo así en el sector de los tejidos y el cuidado del hogar —afirma Sundar Raman, CEO del sector de mayor tamaño de Procter & Gamble (P&G)—. Cada uno de nosotros tenía que focalizarse constantemente tanto en el corto como en el largo plazo hacia el mismo fin último y colectivo. Y eso cambió las reglas del juego. Generó un profundo compromiso emocional. Era palpable en la sala cada vez que nos reuníamos. Teníamos una alineación clara bajo un solo y gran objetivo». La gran claridad y esa alineación fluyen desde el ejercicio constante de la franqueza, la responsabilidad entre iguales, la búsqueda de la colaboración proactiva y la inclusión más amplia que se encuentran en la cultura de los equipos de mayor rendimiento. Por ejemplo, Raman describe el enfoque del trabajo y la importancia de la franqueza dentro de su equipo en P&G: «Nos regíamos por dos principios: que *era más importante obtener resultados que llevar la razón* y que, *ante un gran conflicto, se ha de demostrar un gran respeto por el grupo*». Se hace eco de lo que vimos acerca de Bill Connors y Bob Pittman en el capítulo 3. «Nuestra idea era que preocuparse por los egos o el orgullo en una reunión es una terrible pérdida de concentración. Así, se demostró que los individuos no ganan ni pierden en las reuniones; ganar o perder solo se media en los resultados del mercado, no en nuestros debates. Así que es mejor tener una reunión en tono firme que se traduzca en ganar en el mercado que una reunión agradable que haga que la gente se sienta bien consigo misma». Pero la contribución individual era crucial, hasta el punto de que crearon un documento de responsabilidad personal y lo compartieron de forma transparente. Este puso rostros y nombres de las personas en relación con sus compromisos trimestrales. Cada trimestre, cuando todo el equipo se reunía, los miembros se ponían de pie con el documento para explicar los resultados, ya fueran buenos o malos. «Al principio, a algunos les preocupaba mucho ese momento porque se imaginaban determinadas reacciones y les inquietaba cómo se sentirían si se les asociaba con un fracaso trimestral —dice Raman—, pero acabó siendo un gran incentivo para evitar los bajos rendimientos y, en general, fue una de las cosas que más solicitaron los miembros del equipo, que querían tener una mayor responsabilidad hacia sí mismos y una forma de que les reconocieran las victorias. La gente solía decir: "¿Cómo puedo incluir mi cara en ese documento? Quiero participar y explicar lo que he aprendido en el proceso". Se convirtió en un motor positivo de responsabilidad personal, cohesión de equipo y éxito».

Miguel Milano: la experiencia de descifrar el código de la coelevación

En ventas, muchos podrían esperar encontrar un alto grado de competencia interna o comportamientos egoístas; sin embargo, en una de las organizaciones de ventas con más éxito, Miguel Milano ha recurrido al poder del trabajo en equipo y a los comportamientos de coelevación. Milano es el presidente y director de ingresos de Salesforce, y dirige el equipo de ventas global de la empresa. En el caso de algunas de las áreas más preciadas por los líderes de ventas, establecer cuotas de ventas conlleva decidir quién del equipo se llevará el número limitado de ascensos, por ejemplo. En estas circunstancias, se anima a que los líderes sénior participen para llegar a la decisión adecuada, en lugar de que cada uno presione como pueda. «Creo mucho en el liderazgo y creo aún más en los equipos: espero mucho de mi equipo, que no se defrauden unos a otros», dice Milano. En cuanto a las cuotas de ventas, Milano propone un objetivo global y pide a sus jefes que fijen las cifras definitivas. «Digo al equipo que lo dejo en sus manos para que decidan si alguien puede tomar más o menos, para ayudarse mutuamente —dice Milano—. Dos semanas después, mi jefe de operaciones comparte conmigo lo que han acordado hacer. Confío en mi equipo. Quiero que sientan que ha sido una decisión conjunta».

La alternativa a pedir a los jefes de ventas que colaboren en sus cuotas es la negociación individual. Milano dice: «Es más eficiente para los líderes de ventas elaborar las cuotas con un objetivo compartido en mente porque implica mayores acuerdos». Los ingresos aumentaron un 11 %, hasta 34.900 millones de dólares, en el año fiscal de 2024 en Salesforce, en lo que Marc Benioff, presidente y CEO, describió como «un año fenomenal de transformación».[1] Milano explica el crecimiento de las ventas en Salesforce aduciendo a la coelevación de los comportamientos y al espíritu de equipo. Además de confiar en el espíritu de equipo para negociaciones tan importantes, los equipos también ponen a prueba sus planes anuales entre ellos. Este proceso, en el que se plantean retos y se aportan innovaciones, normalmente podría generar una actitud defensiva, pero no entre un equipo de ventas de coelevación comprometido con el éxito de los demás.

Revathi Advaithi: la implicación emocional de la coelevación

Cuando Revathi Advaithi se unió a Flex como CEO en 2019, no solo trajo un cambio de estrategia, sino también una nueva forma de pensar sobre lo que es ser un líder de equipos en el volátil entorno empresarial actual. Advaithi era una CEO primeriza, la primera mujer CEO en esa empresa de diseño y fabricación de 26.000 millones de dólares, y una mujer racializada que accedía a un puesto de liderazgo muy visible en Fortune 500 en una industria históricamente dominada por hombres. El objetivo estratégico era posicionar a Flex, fundada en Silicon Valley en 1969, como el socio global de tecnología, cadena de suministro y soluciones de fabricación más fiable. Advaithi afirma: «Cuando mucha gente piensa en la fabricación, piensa en la Revolución Industrial y en las líneas de producción manuales. Era crucial que Flex desplegara una nueva estrategia que hablara de nuestra posición a la vanguardia de la innovación y el crecimiento de la fabricación».

En el centro del nuevo enfoque empresarial de Advaithi había un nuevo contrato social basado en un profundo respeto mutuo, un intercambio abierto que ofrecía una profunda atención personal, compañeros que cumplían sus compromisos mutuos y se hacían responsables unos a otros, así como una cultura de aprendizaje y adaptación constantes, todo ello eco de los comportamientos y procesos de coelevación del trabajo en equipo. Y cuando Advaithi habla de equipos, sorprende que haga hincapié en un profundo compromiso emocional con el aspecto más humano del trabajo en equipo. Ella describe la «vinculación intencionada» como una forma de construir la confianza personal y las relaciones que impulsan la responsabilidad y la colaboración entre iguales. Esta es la base de los diez cambios del libro. Advaithi explica: «Mi forma de conectar con mis equipos es sencilla. Me gusta conocerlos como personas, no solo como compañeros de trabajo. ¿Quiénes son? ¿Qué les gusta hacer? ¿Cómo es su vida? ¿Cuáles son sus valores? Suelo dedicar tiempo a conocer a mis equipos. Los invito a mi casa, salgo a cenar, veo cómo interactúan entre ellos, etc. Así, con el tiempo, creamos confianza y respeto mutuo. Esto no sucede de la noche a la mañana. Sobre esta base mis equipos son capaces de alinearse entre sí antes de sentirse obligados a acudir a mí para tomar decisiones. Este contrato entre ellos hace que el equipo se comunique más entre sí, partiendo de un lugar de curiosidad y exento de ego, lo que nos ayuda a conectar como equipo de liderazgo y a reforzar que todos compartimos el mismo objetivo: transformar Flex para mejor».

En la actualidad, *Fortune* describe a Flex como «una de las empresas de fabricación más importantes del mundo» y está presente por doquier: en las estaciones de carga para vehículos eléctricos, en inyectores portátiles para mejorar la precisión de las dosis de los pacientes que reciben atención sanitaria, trabajando en sistemas de conectividad 5G y ayudando a otras organizaciones mundiales a diseñar y fabricar electrodomésticos.[2]

Los equipos ágiles son equipos alineados

Los miembros de los mejores equipos saben en qué están trabajando sus compañeros, qué objetivos se proponen; saben que todos están en la misma misión crítica. Es una situación común a los equipos que adoptan con éxito la agilidad como forma de trabajo. Consiguen lo que pocos equipos: una alineación clara con un único gran objetivo y también un acuerdo sobre los pasos necesarios entre ellos para llegar allí, porque la transparencia y la inclusión están integradas en su proceso colaborativo. Durante la pandemia, algunos directivos que tuvieron que adaptarse a la presencia de colaboradores virtuales en su equipo afirmaron lo siguiente: «¿Cómo puedo saber si mi gente está trabajando y si está siendo plenamente productiva?». La respuesta es sencilla. Si no sabes en qué están trabajando y si están siendo productivos, entonces no has hecho tu trabajo de establecer *sprints* claros orientados a resultados concretos y que comparten todos los miembros del equipo. Lo que falta es el poder y la importancia de la agilidad como nueva forma de trabajo para ese equipo. Al igual que el documento de rendición de cuentas del equipo de P&G y los debates abiertos periódicos sobre cada área crítica de negocio, las pruebas de esfuerzo periódicas al final de los *sprints* hacen que el equipo pueda ver claramente todos los pasos necesarios. Es similar a lo que la organización de ventas de Salesforce y los equipos Flex hacen entre sí. Una vez comprometidos con la alineación total y la transparencia de conflictos e interdependencias, alcanzar los objetivos y la visión común está al alcance de cualquier equipo. ¿Qué hace esto por los líderes? Les permite liberar tiempo, tener una visión más completa, implicar a los principales grupos de interés y asegurarse de que las cuestiones estratégicas más importantes se someten a debate en el equipo. Esto tampoco significa que el líder se convierta en el único árbitro de la estrategia. En lugar de ello, se deben celebrar reuniones mensuales de transformación con aportaciones que se hayan ido definiendo desde tiempo atrás, en las que se planteen preguntas generales:

- «¿Qué oportunidades estamos perdiendo como empresa?».
- «¿A qué riesgos no estamos prestando suficiente atención?».

Como se explica en el capítulo 7, esto garantiza que la previsión (y las prácticas de trabajo en equipo, como los cinco minutos que se dedican a la previsión) se incorpore a la empresa de forma orgánica, lo que significa que las nuevas estrategias y direcciones que ni siquiera podíamos imaginar antes se harán realidad con la nueva forma de trabajar en equipo. Y, de nuevo, al adoptar un marco ágil con un compromiso transparente e inclusivo en todos los equipos, también nos permite dejar que estos hagan su trabajo sintiéndose comprometidos, capacitados y resistentes. Pero pocos líderes cuentan con esa tranquilidad; la mayoría de los equipos no están tan alineados o, si creen que lo están, lo es someramente, no cuando profundizan en las prioridades y pasos intermedios. Adoptar las pruebas de esfuerzo y la resolución colaborativa de problemas en los niveles más amplios de la organización es fundamental para conseguir la alineación; las prácticas que facilitan que los miembros del equipo compartan abiertamente sus dificultades ayudan a todos a sintonizar con los pasos intermedios y los recursos necesarios. La alineación a todos los niveles fluye gracias a la adopción regular de las prácticas de trabajo en equipo que se presentan en este libro.

Prácticas de trabajo en equipo

Aparte de todas las prácticas de trabajo en equipo que han ido apareciendo hasta ahora, una impulsa el cambio de un sistema de silos a otro caracterizado por la alineación:

- **Resolución colaborativa de problemas de alineación**. Esta práctica de trabajo en equipo ayuda tanto a identificar las áreas de desalineación como a resolverlas utilizando el método CPS que abordamos en el capítulo 6.

Diagnóstico de alineación

Primer paso. Debate en equipo sobre la alineación

Mediante la coelevación, la creación conjunta, la adopción de cambios en los procesos, el trabajo en *sprints* ágiles y el aprovechamiento de nuevas herramientas y de la IA, el resultado de los nueve cambios anteriores nos llevará a convertirnos en una organización siempre alineada. Deberíamos haber acabado con los compartimentos estancos y alejado la sensación de rivalidad por los recursos, porque la transparencia y la cocreación aportan una sensación de propiedad compartida y un mayor enfoque en la victoria de la empresa. Merece la pena reflexionar sobre los grandes equipos que encontramos en los primeros capítulos del libro: el de Bill Connors en Xfinity o el de Bob Pittman en iHeart. Todos ellos prosperaron colaborando y creando valor a partir de sus interdependencias. Estos equipos estaban comprometidos, eran transparentes y francos sobre las concesiones que tenían que hacer mientras se alineaban hacia su gran objetivo compartido. Eso es lo que falla en la mayoría de los equipos: el nivel de compromiso con la agilidad y la franqueza, la responsabilidad entre iguales, la colaboración y la coelevación que observamos en el trabajo del equipo de P&G. Pero lo que también queda claro en este último equipo es que la alineación no es un ejercicio que se hace de una sola vez. Se requiere una buena práctica de alineación que pueda ponerse en marcha periódicamente. La alineación con un gran objetivo que guíe debe mantenerse a través de constantes *sprints* caracterizados por la agilidad.

Segundo paso. Preguntas de diagnóstico
Todos los miembros del equipo puntúan de 1 a 5 las siguientes afirmaciones (1: Totalmente en desacuerdo; 2: En desacuerdo; 3: Ni en desacuerdo ni de acuerdo; 4: De acuerdo; 5: Totalmente de acuerdo):

- Todos los miembros del equipo están alineados y comprometidos con una misión compartida, que actúa como una gran guía, y con las prioridades y pasos que estamos dando para llegar allí.
- Este equipo se esfuerza por la transformación y la innovación, en lugar de dejar las cosas como están y hacer negocios «como siempre se han hecho».
- Disfruto mucho formando parte de este equipo.
- Este es un equipo ganador que cumple o supera constantemente sus objetivos.
- Estamos alcanzando todo nuestro potencial como equipo.

El diagnóstico lo debe hacer un miembro del equipo que se considere imparcial y de confianza, ya que la puntuación es anónima y no se atribuirá a personas concretas. Puedes utilizar una herramienta de encuesta en línea.

Regla y hábitos

La regla para el comportamiento de equipo para pasar de un ambiente de trabajo basado en silos a otro basado en la alineación es esta: «Coincidimos en el gran objetivo que nos guía, y en las prioridades y medios para llegar a él». Tratar de alcanzar este cambio al mes de iniciar las prácticas de trabajo en equipo que se indican a continuación y, posteriormente, hacerlo con regularidad, es una oportunidad para disponer de un espacio para hablar sobre dónde pueden haberse descarrilado las cosas, para comprobar que se están respetando los nuevos compromisos de comportamiento y que se están aplicando las prácticas de trabajo en equipo.

Práctica de trabajo en equipo. Alineación CPS

Utilizaremos la práctica de trabajo en equipo para la resolución colaborativa de problemas que vimos en el capítulo 6. Cada punto numerado a continuación se presenta como un ejercicio único de CPS centrado en preguntas fundamentales sobre la guía que daría a nuestros equipos un poderoso comienzo hacia la alineación. Utilízalas para llevar a tu equipo a la reflexión. Como aprendimos en el capítulo 6, lo más beneficioso es reunir las ideas iniciales, tras un trabajo previsto, y luego convocar una reunión para llegar a una decisión.

1. **¿Cuál es nuestra misión final y cómo será nuestro mundo y el de nuestros clientes cuando la completemos?** Una pregunta como esta puede mostrar rápidamente una falta de claridad y alineación en torno a la misión, y sirve para diseñar buenas sugerencias entre los miembros del equipo. Comparte todas las respuestas por adelantado y convoca pequeños grupos de trabajo para mejorarlas y convertirlas en un conjunto de opciones a fin de que un grupo más pequeño las analice y llegue a una conclusión. Procura que haya una ronda más de pruebas de esfuerzo con la nueva misión, o tal vez una junta de decisiones que haga preguntas clave para obtener la información del equipo que desee.

2. **¿Cuáles son las tres cosas más importantes cuando estemos realmente en camino de lograr nuestra misión, pero que ahora no están presentes?**

3. **¿Cuáles son los elementos más importantes que abordar o los mayores retos que resolver para lograr nuestra misión?** A continuación, tenemos que asignar y llevar a cabo un proceso de CPS para cada uno de los retos, seguido de pruebas de esfuerzo periódicas para evaluar el progreso al final de los *sprints*.

4. **¿Cuáles son los puntos que hacen que más nos descarrilemos y que tenemos que reforzar? ¿Qué sugerencias se proponen para abordar cada uno de ellos?** Un gran proceso para poner de manifiesto estos bloqueos y encontrar las soluciones para cada uno de ellos es una junta de decisiones (véase el capítulo 6).

La cuestión es que el proceso CPS y las pruebas de esfuerzo periódicas deben utilizarse de forma regular para llegar cada vez con más detalle a un nivel de conocimiento compartido y alineación entre los miembros del equipo. Creo que existe una gran sabiduría sin explotar en nuestra capacidad de explorar dentro y fuera de nuestras organizaciones. Mi consejo es que comiences con una mentalidad de curiosidad y crecimiento, y continúes aprovechando las prácticas de trabajo en equipo para ir adquiriendo un compromiso más amplio. Nuestros equipos necesitan recopilar los datos, analizarlos en equipo y tomar buenas decisiones. Tal vez solo necesitemos practicar con un *coach* profesional, pero en última instancia la responsabilidad recae en el equipo, que debe ser el que haga de *coach* de los demás. El trabajo en equipo es un nuevo conjunto de músculos que tenemos que aprender a ejercitar. Como comprobarás cada vez que lleves a cabo el CPS de alineación, crearás una lista de otros temas, poco abordados o innovadores, para tratar en futuras sesiones.

Únete al movimiento

Este libro es una llamada al movimiento. Es una llamada a un cambio radical en nuestra concepción tradicional del liderazgo y a un despertar del poder del trabajo en equipo que se ha infravalorado tras décadas de poner a los líderes en el punto de mira. Es un despertar para maximizar el valor de la interdependencia y de la creación conjunta, de lo que se ha tratado en los capítulos anteriores. Mi sencilla invitación es que inicies este viaje. Como cualquier miembro del equipo, puedes plantear lo que consideres para que tu equipo tome conciencia de los cambios que todos queréis hacer. Siempre digo que, tras iniciar este proceso, no hay que aspirar a la perfección; trata solo de que la gente despierte, vea esperanza y las posibilidades, y entonces emprenda un viaje para alcanzar un mayor grado de franqueza y se asuman más riesgos personales entre nosotros. Se trata de un contrato social de franqueza al servicio de los demás, no de castigar, infravalorar o criticar a los demás. Por eso también establecemos relaciones más estrechas con nuestros compañeros, para seguir fortaleciendo y aumentando el valor que necesitamos para ser sinceros y pedirnos cuentas unos a otros.

Para poner en práctica esa franqueza y responsabilidad, empezaremos con la retroalimentación en torno a las ideas y luego abriremos la apertura a los demás con la resolución colaborativa de problemas de la forma más sólida e inclusiva. Para ello se han de aprovechar las herramientas colaborativas de vanguardia y de IA que tenemos a nuestra disposición para formar equipo en el mundo actual. Además, a medida que lanzamos nuevas iniciativas a partir de estas ideas innovadoras y avanzamos hacia su ejecución, nos adentramos en las pruebas de esfuerzo al final de los *sprints*, cuando una vez más invitamos a un grupo más amplio e inclusivo de personas al proceso colaborativo, asegurándonos de minimizar los riesgos y obtener una mayor previsión, buscando por doquier y encontrando innovaciones adicionales de un equipo más amplio. Todo ello aporta el tipo de alineación constante necesario en un proceso repetitivo a la par que ágil y que no toma forma de una sola vez, sino poco a poco. Se trata de utilizar estas herramientas de manera constante para despertar, expandir y obtener una visión e innovación más amplias y audaces que produzcan el tipo de resultados que buscamos: disruptivos y exponenciales. Esto es lo que hace Sundar Raman. Esto es lo que hace Miguel Milano. Esto es lo que hacen Revathi Advaithi, Tarang Amin, Bill Connors, Patti Poppe y todos los demás grandes líderes de equipos que aparecen en este libro. Y esto es lo que te invitamos a empezar a hacer.

También te invitamos a que compartas tus historias conmigo en LinkedIn. Hazlo sobre la puesta en práctica de este trabajo y te invitaremos a formar parte de una comunidad creciente de personas que aprenden unas de otras. El mundo necesita un movimiento de personas comprometidas a apoyarse y asesorarse mutuamente —compañeros de equipo comprometidos a asesorar y ser asesorados— que lleven a sus compañeros a una nueva forma de trabajar. También he visto sistemáticamente que quienes adoptan estas nuevas prácticas en el lugar de trabajo reportan un cambio en su vida personal, como la mejora de las relaciones con su familia. Al expandir estas prácticas por el mundo y alumbrar una nueva forma de colaborar, un nuevo conjunto de procesos y herramientas de trabajo en equipo, de comportamientos de coelevación y una nueva forma de participación, el mundo será un lugar mejor.

Epílogo

El uso que hagas del libro es variado; depende de ti y de tu equipo.

Sugiero que el equipo al completo lea todo el libro y que luego lo lleves a la práctica en breves *sprints,* a través de lo que yo llamo «reuniones periódicas de transformación». Una vez que todos hayan leído el libro, el equipo debe comprometerse a presentar y debatir cada cambio y adoptar las prácticas de trabajo en equipo, capítulo por capítulo, cada dos semanas o cada mes. Puede ser útil que un miembro del equipo o un *coach* externo apoye la adopción de los primeros cambios. Puede ser cualquier miembro del equipo comprometido con el proceso o, desde luego, puedes dirigirte a mi organización en busca de apoyo. Tenemos un proceso que sigue los capítulos, pese a que el libro se diseñó para poder trabajar de forma autónoma.

En la primera reunión de transformación, recomiendo tratar los capítulos 2 y 3, y comenzar a aplicar las prácticas de trabajo en equipo del capítulo 3.

Luego, en la siguiente reunión, de 2 a 4 semanas más tarde, sugiero poner en marcha un hábito en el primer *sprint*, que se hará en un espíritu de franqueza. En esa segunda reunión de transformación, se lleva a cabo el debate y el diagnóstico del cuarto capítulo sobre la vinculación positiva y se abordan las prácticas de vinculación del espíritu de equipo.

Continúa así hasta que todos los cambios y prácticas de trabajo en equipo se hayan discutido, diagnosticado y experimentado.

De forma continua, como equipo, hemos de examinar todas las reglas y prácticas, toda vez que realizamos el diagnóstico de forma conjunta. Este sería un proceso regular que poner en práctica cada tres o seis meses.

Agradecimientos

El mayor reconocimiento que quiero hacer es para mi coautor, Paul Hill, que se unió a este equipo hace más de cinco años para lo que parecía ser un proceso de documentación no muy largo, pero que se acabó prolongando. Su paciencia y su capacidad de coelevación y creación conjunta durante los últimos cinco años en este proyecto han hecho posible el libro. También quiero dar las gracias a su mujer, Sabelline. Hay una historia extraordinaria que no se ha contado sobre cómo su apoyo y compromiso con la realización del libro nos ayudaron a llegar a la meta. Le estoy eternamente agradecido.

Este libro existe gracias a la generosa visión de líderes, agentes del cambio y emprendedores que han compartido su pasión por mejorar los equipos y cambiar el mundo. Entre ellos se encuentran Michael Ackerbauer, Revathi Advaithi, Tarang Amin, Pedro Carrilho, Carol Clements, Bill Connors, Mandy Fields, George Fisher, Jason Green, Drew Houston, Fran Katsoudas, Arvind Krishna, Nickle LaMoreaux, Enrique Lores, Kory Marchisotto, Juan Martin, Miguel Milano, Matt Mullenweg, Bob Pittman, Mónica Pool Knox, Patti Poppe, Kerry Preston, Sundar Raman, Chuck Robbins, Rachel Romer, Khalil Smith, Eric Starkloff, Rob Thomas y Sergey Young. Su visión y compromiso han contribuido a dar forma a cada capítulo, por lo que les estamos profundamente agradecidos.

Hay decenas de personas increíbles, cuyos nombres no figuran en el libro, con las que hablamos y que compartieron sus pensamientos e ideas en diferentes etapas de nuestro viaje, pero cuyas opiniones dejaron huella. Entre ellos están Frank Blake, Bechara Choucair, Brian Cornell, Lori Digulla, Fama Francisco, Thomas Kurian, Eileen Mahoney, Darren Murph, Mark Reuss, Alexi Robichaux, Dan Schulman, Dan Shapiro, Nick Sonnenberg, Astro Teller y Gil West.

También me gustaría dar las gracias a mis queridos amigos Jeff y Beth Mori, que han sido compañeros de coelevación durante toda su vida y modelos en su relación.

Quiero dar las gracias a Jack, Jacobo, Michael, Tim y Shadi por ser encarnaciones vivas de la coelevación.

Gracias, mamá, por crecer conmigo a lo largo de la vida. Y a Peter Diamandis, por estar siempre ahí.

De Paul

Gracias a mi sabia y maravillosa esposa, Sabelline, y a mis cuatro hijos por su amor y apoyo durante los fines de semana que se han perdido por mi culpa. Dana Zelicha me introdujo en el *mindfulness* y me cambió la vida mientras escribía este libro; no tengo palabras suficientes de gratitud. Tres personas que Keith me presentó se han convertido en mentores increíbles: Susan Sobbott, Kay Walker y John Galvin. Gracias por sus consejos y su amistad.

De Keith y Paul

Como siempre, quiero trasladar un agradecimiento especial a nuestro agente literario, Esmond Harmsworth, que nos ha dado consejos e ideas, cual brújula, cuando el camino se torna incierto. Gracias a Hollis Heimbouch y a su equipo de HarperCollins por toda su experiencia y apoyo, en particular a nuestra editora, Kirby Sandmeyer, por su compromiso con la excelencia y por hacer las preguntas adecuadas en nombre de los lectores.

Cody Thompson aportó sus preguntas y perspicacia investigadora a las primeras fases del proyecto. Cody, tu trabajo ha sido inestimable hasta el final, gracias.

Queremos dar las gracias a las numerosas y maravillosas personas que abordaron el manuscrito y aportaron valiosos comentarios que nos ayudaron a dar forma al borrador final. Muchas gracias por las amables contribuciones de estas personas: Sandeep Angra, Sean Behr, Justin Choi (a quien se le ocurrió el título original: ¡gracias!), Suketu Gandhi, David Kidder, Sandeep Kulkarni, Pat St. Laurent, Alan May, Shadi May, Kim Richards (quien me mencionó por primera vez el trabajo en equipo hace años), Len Schlesinger, Eivind Slaaen, Christie Smith y Matt Walter.

Por supuesto, a todos en Ferrazzi Greenlight... Jim Hannon, que ha estado en este viaje desde el principio. No sé dónde estaría sin tu apoyo. Gracias, Diane Brown, Harris Fanaroff, Mike Hernández, Lady-Ann Juan, Héctor Luna, Gavin McKay, J. J. Mechoso, Clair Nanadiego, Ronen Olshansky, Kaitlyn Parent, Darren Reinke, Josh Sabino, Mary Schnitker, Kimberly Stewart y Morgan Williams.

Apéndice:
Reglas y preguntas de diagnóstico para cada cambio

2. De la centralización en el líder a la coelevación de todo el equipo

Regla:

Estamos igualmente comprometidos con todos los objetivos del equipo y entre nosotros para conseguirlos.

3. De evitar conflictos a un clima de franqueza

Regla:

Hablamos con valentía.

Preguntas de diagnóstico:

- Todos los miembros del equipo están dispuestos a retar directamente a los demás, incluso cuando es arriesgado hacerlo o el tema está fuera de su área de confort o de experiencia.
- Todos los miembros del equipo se responsabilizan activamente de los compromisos y resultados de los demás.

4. De las relaciones fortuitas a la creación intencionada de vínculos de equipo

Regla:

Estamos verdaderamente comprometidos unos con otros.

Preguntas de diagnóstico:

- Todos los miembros del equipo respetan y valoran lo que aportan los demás.
- Todos los miembros del equipo han establecido relaciones de afecto, confianza y apoyo con los demás miembros de este equipo, sin excepción.
- Todos los miembros del equipo profundizan y mejoran de manera proactiva sus relaciones con la red de personas fundamentales para el éxito, y convierten a los socios más importantes para el equipo en verdaderos defensores.

5. De la resiliencia individual a la de equipo

Regla:

Nos ayudamos a levantarnos unos a otros.

Pregunta de diagnóstico:

- Todos los miembros del equipo se sienten responsables de aumentar la energía de los demás.

6. Aumentar la colaboración: mayor creación conjunta y adopción del *meeting shifting*

Regla:

Creamos de manera conjunta y amplia para innovar con audacia.

Regla:

Aprovechamos la tecnología para mejorar nuestra colaboración.

Preguntas de diagnóstico:

- Este equipo crea un valor significativo a partir de las interdependencias que existen entre sus miembros.
- No nos suponen un impedimento ni la jerarquía ni la dependencia de la autoridad.
- Este equipo cruza la línea de meta unido y hacemos lo que haga falta para cumplir en todos los aspectos del rendimiento colectivo del equipo.
- Todos los miembros del equipo cumplen sus propios compromisos individuales y se responsabilizan de sus resultados.
- Las reuniones son bienvenidas y productivas porque las utilizamos con moderación y como complemento a las herramientas colaborativas y de IA, que nos ahorran tiempo y nos permiten participar de forma inclusiva.
- Somos integradores e invitamos a un conjunto amplio de opiniones a encontrar las soluciones más innovadoras.

7. Un equipo ágil y ejecutivo

Regla:

Nuestra forma de trabajar debe ser ágil.

Pregunta de diagnóstico:

- Adoptamos principios ágiles en nuestro proceso de trabajo, priorizamos de manera constante y nos adaptamos a la nueva información y a las distintas demandas.

8. De una cultura de escasos elogios a otra de celebración y reconocimiento

Regla:
Celebramos nuestros logros mutuamente.

Pregunta de diagnóstico:

- Todos los miembros del equipo animan y celebran los éxitos de los demás.

9. Diversidad, inclusión y pertenencia

Regla:
Estamos convencidos de que la diversidad de personas y voces permite obtener resultados extraordinarios.

10. Un equipo con miembros que no paran de buscar y entrenarse mutuamente

Regla:
Nos entrenamos mutuamente.

Preguntas de diagnóstico:

- ¿Somos un equipo de buscadores? Todos los miembros del equipo son conscientes de sus áreas de crecimiento, se muestran abiertos en torno a ellas y persiguen activamente el desarrollo para mejorar.
- ¿Somos los entrenadores de los demás? Todos los miembros del equipo se implican personalmente en el desarrollo de los demás y asesoran de forma proactiva a sus compañeros sobre su rendimiento, sus habilidades y todo tipo de competencias.

11. De los silos a la alineación

Regla:

Coincidimos en el gran objetivo que nos guía, y en las prioridades y medios para llegar a él.

Preguntas de diagnóstico:

- Todos los miembros del equipo están alineados y comprometidos con una misión compartida, que actúa como una gran guía, y con las prioridades y pasos que estamos dando para llegar allí.
- Este equipo se esfuerza por la transformación y la innovación, en lugar de dejar las cosas como están y hacer negocios «como siempre se han hecho».
- Disfruto mucho formando parte de este equipo.
- Este es un equipo ganador que cumple o supera constantemente sus objetivos.
- Estamos alcanzando todo nuestro potencial como equipo.

Notas

1. Descifrar el código del trabajo en equipo

1. Me encontré por primera vez con esta frase que se utiliza en los programas de Alcohólicos Anónimos durante la investigación para mi libro *Who's Got Your Back*.

3. De evitar conflictos a un clima de franqueza

1. Ray Dalio, «Work Principle: Show Candidates Your Warts», s. f., consultado el 24 de febrero de 2024, https://www.principles.com/principles/af0 ca990-6eb9-45cd-bf07-b12580fafafa/.

4. De las relaciones fortuitas a la creación intencionada de vínculos de equipo

1. Ivan Penn, «PG&E Ordered to Pay $3.5 Million Fine for Causing Deadly Fire», *New York Times*, 18 de junio de 2020, https://www.nytimes.com/2020/06/18/business/energy-environment/pge-camp-fire-sentenced.html.

5. De la resiliencia individual a la de equipo

1. D. Codella, «World Mental Health Day Highlights the Need for Mental Health Support», *BetterUp Blog*, 2022, consultado el 25 de marzo de 2024, https://www.betterup.com/blog./mental-health-support-needs.

2. «National Safety Council and NORC at the University of Chicago Announce New Mental Health Cost Calculator to Demonstrate Why Investing in Mental Health Is Good for Business», NORC, 2021, consultado el 25 de marzo de 2024, https://www.norc.org/research/library/national-safety-council-and-norc-et-the-university-of-chicago-an.html.
3. U.S. Surgeon General's Framework for Workplace Mental Health & Well-Being 2022, https://www.hhs.gov/sites/default/files/workplace-mental-health-well-being.pdf.

6. Aumentar la colaboración: mayor creación conjunta y adopción del *meeting shifting*

1. Otter.ai y Dr. Steven G. Rogelberg, «The Cost of Unnecessary Meeting Attendance», 26 de septiembre de 2022, https://public.otter.ai/reports/The_Cost_of_Unnecessary_Meeting_Attendance.pdf.
2. O. R. Royle, «Shopify's CFO Explains How Its New Meeting Cost Calculator Works, and How It Will Cut 474,000 Events in 2023: 'Time Is Money'», *Fortune*, 13 de julio de 2023, consultado el 25 de marzo de 2024, https://fortune.com/2023/07/13/shopify-meeting-cost-calculator-expert-warning/.

7. Un equipo ágil y ejecutivo

1. R. Carucci, «Executives Fail to Execute Strategy Because They're Too Internally Focused», *Harvard Business Review*, julio de 2017, consultado el 25 de marzo de 2024, https://hbr.org/2017/11/executives-fail-to-execute-strategy-because-theyre-too-internally-focused.
2. K. Beck, M. Beedle, *et al.*, «Principles Behind the Agile Manifesto», 2001, consultado el 25 de marzo de 2024, https://agilemanifesto.org/principles.html.

8. De una cultura de escasos elogios a otra de celebración y reconocimiento

1. Discurso de graduación de la Universidad de Harvard, 2013.

10. Un equipo con miembros que no paran de buscar y entrenarse mutuamente

1. S. Edinger, «You Are Not the Best Judge of You», *Harvard Business Review*, noviembre de 2011, consultado el 25 de marzo de 2024, https://hbr.org/2011/11/you-are-not-the-best-judge-of.
2. S. D. Friedman, «How to Get Your Team to Coach Each Other», *Harvard Business Review*, marzo de 2015, consultado el 25 de marzo de 2024, https://hbr.org/2015/03/how-to-get-your-team-to-coach-each-other.

11. De los silos a la alineación

1. «Salesforce Announces Strong Fourth Quarter and Fiscal 2024 Results», Salesforce, comunicado de prensa, 31 de marzo de 2024, consultado el 31 de marzo de 2024, https://investor.salesforce.com/press-releases/press-release-details/2024/Salesforce-Announces-Strong-Fourth-Quarter-Fiscal-2024-Results/default.aspx.
2. «Most Powerful Women 2022: Revathi Advaithi», *Fortune*, 11 de octubre de 2022, consultado el 31 de marzo de 2024, https://fortune.com/ranking/most-powerful-women/2022/revathi-advaithi/.

Acerca de los autores

Keith Ferrazzi es el autor del *bestseller*, aclamado por el *New York Times, Nunca comas solo*, así como de *Who's Got Your Back*, *Leading Without Authority* y *Competing in the New World of Work*. Es conferenciante, empresario e inversor consumado, reconocido como el mejor *coach* de equipos ejecutivos del mundo. Ha dirigido la transformación de empresas de Fortune 50, el Banco Mundial, diversas empresas unicornio y Gobiernos. Quizá hayas leído sus columnas en *Harvard Business Review*, *Forbes*, *Wall Street Journal*, *Fortune*, *Fast Company* e *Inc. Magazine*. Antiguo CMO y jefe de ventas de Deloitte y Starwood Hotels, Keith fundó Ferrazzi Greenlight, una empresa de *coaching* de equipos, y dirige el Greenlight Research Institute, dedicado a la transformación de equipos.

Paul Hill es un galardonado editor especializado en negocios y corresponsal de sucesos reconvertido en consultor editorial. Ha escrito y colaborado como escritor en algunas de las publicaciones más respetadas del mundo, y elabora libros de no ficción y artículos que invitan a la reflexión para líderes empresariales de todo el mundo. Vive en el Reino Unido.

Keith Ferrazzi

Los mejores equipos del mundo no ganan únicamente por su liderazgo, sino en gran medida por su espíritu de equipo. Ahora que dispones de las herramientas y prácticas necesarias para iniciar tu viaje hacia el espíritu de equipo, ¿cuál es tu visión del éxito en los próximos 6-12 meses?

Descubre cómo los servicios de *teamship* de Ferrazzi pueden ayudar a tu equipo y accede a recursos complementarios escaneando a continuación:

Conferencia | Talleres | *Coaching* de equipos | Aprendizaje virtual

Conferencia:

- Un discurso de 60 minutos para desafiar e inspirar a tu organización a pensar de manera diferente sobre cómo gestionar los equipos para lograr una mayor innovación, alineación y coelevación®.

Talleres:

- Talleres de inmersión de 1 a 2 días para líderes que encabezarán la transformación del espíritu de equipo en su organización, mediante formación, grupos de trabajo y *coaching* facilitado.
- Cocreación de un plan de comunicación y despliegue organizativo de impacto duradero.

Coaching **de equipos:**

- Cambiar significativamente la forma de trabajar del equipo, activar los comportamientos de Co-elevation® y romper los compartimentos estancos para potenciar la colaboración y el pensamiento innovador.
- Este enfoque personalizado y de gran contacto implica el *coaching* de equipos, el *coaching* entre iguales y la facilitación cualificada a lo largo de un periodo de 6 a 12 meses de sesiones virtuales y presenciales para una adopción sostenida.

Aprendizaje virtual:

- Accede a la encuesta de diagnóstico, los vídeos de formación y las plantillas/instrucciones sobre prácticas de trabajo en equipo.
- Guías y presentaciones sencillas para facilitar a los jefes de equipo la facilitación de las sesiones, escalando el viaje a través de equipos ilimitados.

Las investigaciones de Keith pueden encontrarse en prestigiosas publicaciones, como *Harvard Business Review, Forbes, Wall Street Journal, Fortune, Fast Company* e *Inc. Magazine*, donde sus columnas constituyen una valiosa fuente de información para los líderes empresariales.

www.keithferrazzi.com